积极心理健康教育与心理育人研究

邰仁飞 著

北京工业大学出版社

图书在版编目（CIP）数据

积极心理健康教育与心理育人研究 / 邰仁飞著 . — 北京：北京工业大学出版社，2022.3
ISBN 978-7-5639-8291-2

Ⅰ . ①积… Ⅱ . ①邰… Ⅲ . ①大学生－心理健康－健康教育－研究 Ⅳ . ① G444

中国版本图书馆CIP数据核字（2022）第048525号

积极心理健康教育与心理育人研究
JIJI XINLI JIANKANG JIAOYU YU XINLI YUREN YANJIU

| 著　　者：邰仁飞
| 责任编辑：李　艳
| 封面设计：知更壹点
| 出版发行：北京工业大学出版社
|　　　　　（北京市朝阳区平乐园 100 号　邮编：100124）
|　　　　　010-67391722（传真）　　bgdcbs@sina.com
| 经销单位：全国各地新华书店
| 承印单位：唐山市铭诚印刷有限公司
| 开　　本：710 毫米 ×1000 毫米　1/16
| 印　　张：9.75
| 字　　数：195 千字
| 版　　次：2023 年 4 月第 1 版
| 印　　次：2023 年 4 月第 1 次印刷
| 标准书号：ISBN 978-7-5639-8291-2
| 定　　价：72.00 元

版权所有　　翻印必究

（如发现印装质量问题，请寄本社发行部调换 010-67391106）

作者简介

邰仁飞，女，1986年4月出生，江苏省盐城市人，毕业于河海大学，社会学专业，硕士研究生学历，在扬州市职业大学担任辅导员10年，现任学院学工办主任，讲师、心理咨询师。研究方向：思想政治教育。主持并完成市级科研项目2项，发表论文多篇。

前　言

积极心理健康教育是以近年来发展起来的积极心理学、积极教育、积极心理健康等理论和实践为基础而形成的一个全新的研究领域。本书研究的对象为高等教育阶段的大学生，高校作为育人主阵地，其目标是通过积极的手段，培养学生内在积极心理品质，开发学生的心理潜能。以积极心理学为理论基础衍生出的积极心理健康教育能够增强大学生的积极体验，塑造积极人格，提高幸福指数。心理育人工作者应该树立积极心理健康教育理念，以提升大学生的主观幸福感为主旨，构建和谐的师生关系；以树立大学生的自尊自信为目的，积极运用鼓励性评价；以完善大学生的积极人格为旨归，创设体验情境，从而提高高校心理育人质量。

全书共七章。第一章为绪论，主要阐述了积极心理健康的要素、积极心理健康教育基本体系、大学生心理健康的重要性、开展大学生积极心理健康教育的必要性等内容；第二章为高校心理健康教育与心理育人现状，主要阐述了高校心理健康教育现状，高校心理育人的功能、特征与理念，高校心理育人成效与存在的问题等内容；第三章为积极心理健康教育的理论基础，主要阐述了积极心理学和社会建构论等内容；第四章为积极心理健康教育的目标，主要阐述了积极情绪体验、积极人格特质、积极的社会组织系统等内容；第五章为积极心理健康教育的内容，主要阐述了情绪体验教育、积极人格教育、构建积极的社会组织系统等；第六章为积极心理健康教育的实施策略，主要阐述了大学生积极心理品质的培养和积极心理健康教育的实施路径等内容；第七章为高校心理育人质量的提升路径，主要阐述了高校心理育人质量提升的机遇与挑战、高校心理育人质量提升的路径等内容。

为了确保研究内容的丰富性和多样性，笔者在写作过程中参考了大量理论与研究文献，在此向涉及的专家学者表示衷心的感谢。

限于笔者水平，本书难免存在一些不足，在此恳请同行专家和读者朋友批评指正！

目 录

第一章 绪 论 ·· 1
第一节 积极心理健康的要素 ··· 1
第二节 积极心理健康教育基本体系 ······································· 8
第三节 大学生心理健康的重要性 ··· 12
第四节 开展大学生积极心理健康教育的必要性 ···················· 13

第二章 高校心理健康教育与心理育人现状 ································ 16
第一节 高校心理健康教育现状 ··· 16
第二节 高校心理育人的功能、特征与理念 ·························· 22
第三节 高校心理育人成效与存在的问题 ······························ 27

第三章 积极心理健康教育的理论基础 ·· 38
第一节 积极心理学 ··· 38
第二节 社会建构论 ··· 44

第四章 积极心理健康教育的目标 ··· 48
第一节 积极情绪体验 ··· 48
第二节 积极人格特质 ··· 57
第三节 积极的社会组织系统 ··· 62

第五章 积极心理健康教育的内容 ··· 67
第一节 情绪体验教育 ··· 67
第二节 积极人格教育 ··· 82
第三节 构建积极的社会组织系统 ··· 90

第六章　积极心理健康教育的实施策略 ………………………………… 93
　　第一节　大学生积极心理品质的培养 ……………………………… 93
　　第二节　积极心理健康教育的实施路径 …………………………… 105

第七章　高校心理育人质量的提升路径 ………………………………… 125
　　第一节　高校心理育人质量提升的机遇与挑战 …………………… 125
　　第二节　高校心理育人质量提升的路径 …………………………… 131

参考文献 …………………………………………………………………… 147

第一章 绪 论

积极心理健康教育通常需要运用心理学的理论知识、沟通方法和技巧。积极的心理健康是当代大学生更好地适应社会的必备素质，对他们的健康成长乃至整个社会的和谐发展都有着重要意义。本章分为积极心理健康的要素、积极心理健康教育基本体系、大学生心理健康的重要性、开展大学生积极心理健康教育的必要性四部分。主要包括大学生积极心理健康的基本要素、积极心理健康教育的内涵与作用、积极心理健康教育的方向与目标、积极心理健康教育的途径与方法等内容。

第一节 积极心理健康的要素

一、主观幸福感

（一）主观幸福感的界定

主观幸福感概念始于20世纪中期，是国外研究者为监测社会变化和改善社会政策而衍生的一种关于生活质量的有效指标，同时也是积极心理学理论最为重要的组成部分。主观幸福感作为一种非常积极且重要的心理品质，在个体的身心健康方面起着十分重要的作用。它使个体在健康与寿命、薪资与工作、朋友与亲密关系等诸多方面受益。一般来讲，主观幸福感高的个体，他的生活方方面面的质量也高。

顾名思义，主观幸福感的侧重点在于个体的主观感受，即在个体觉得自身拥有满足感和安全感的基础上，所源源不断地产生的欣喜、感激、愉悦的正性情绪。国外学者迪纳对主观幸福感做出了界定，那就是个体根据其自身所划定的标准，对生活的方方面面所做的一种评价行为，是较为重要且综合性的测量个体生活质量的一种心理指标。在对这个定义的梳理过程中，他认为主观幸福感应该具备三个特点，即主观性、相对稳定性以及整体性。

个体的主观幸福感已被认为对他们的整体身心健康起着重要的作用。现代化的过程给人类带来的一个重要影响，毋庸置疑，是物质生活条件的不断改善，生活质量的日益提高。但是，现代化又是一个充满悖论的进程，和客观福祉的提高形成比照的是，主观幸福感并没有随之提升，这无疑构成了现代化的一种困境。在心理学界，主观幸福感一直是心理学学者孜孜不倦所探究的重要领域。不同的学者从不同的角度研究主观幸福感，也分别对其有各自不同的定义。对于主观幸福感，大多国内心理学家还是较认同迪纳的观点，结合情感和认知两个方面来界定主观幸福感，在此，笔者将采用对其定义较为全面的迪纳的观点，将主观幸福感定义为"个体基于自身评价标准对个人生活质量所做出的整体性的主观评价"。

笔者通过查阅主观幸福感的相关文献发现，主观幸福感的研究始终被放在心理学领域非常重要的位置。学者威尔森提出两个假设：第一，快乐主要来源于个体需要的满足，个体常常会因得不到想要的满足而产生不幸福的感觉；第二，个体的满足感常常因人而异，不同的人在对幸福感的感知程度上也大有不同。克劳斯通过研究指出，个体感到幸福的最为重要的特点之一，就是消极情绪的减少乃至消失。同时他还持有一个观点，那便是主观幸福感不仅仅包括在认知层面个体所参与的对总体生活质量所做出的那些主观性评价，还包括积极和消极两方面的情绪体验，是个体在生活中的不同感受。

（二）主观幸福感的影响因素

主观幸福感的影响因素大致分为三类：主观因素、客观因素以及不可控因素。

主观因素又分为人格、个体自身的努力、信仰、积极情绪以及对人际关系的感知。人格是主观幸福感较为有力的预测源之一，前人的研究证实了五大人格特质中，外向性和神经质这两种人格特质分别与主观幸福感中的正、负性情绪有着非常显著的高相关。个体越外向则越容易感受到正性的情绪，从而体验到较多的幸福感；神经质特质越显著的个体，对负性情绪的体验也越多，主观上对主观幸福感的体验则越少。个体自身的努力强调的是当个体的成长目的为有意义的活动，诸如自我挑战、积极探索世界、努力学习新的知识等，他们将会产生高水平的主观幸福感。例如，经常性地进行锻炼，增强自己的体质，以及个人身心健康保持在良好的状态，也会增加幸福感体验。信仰对主观幸福感的影响具体包括三点：首先，有信仰的人对于世间的一切都有着自己所认可的一种解释，涉及归因时倾向于积极解释；其次，不同的信仰都具备其独特的仪式，从而使个体积极对待生活事件；最后，有信仰的人汇聚在一起，一起为信仰而奋斗，有着相同的目标和共同的生活经历，相比于零散的个体，这种因信仰而聚集的组织更具幸福感。研究表明，积极情绪可以扩展个体瞬时思维的活动序列，进而促进个体的坚持性、好奇心以及心理恢复力等个体内资源和个体间资源的建设，积极情绪的增进效应使得个体的自身有所发展，并不断地适应社会生活。对人际关系感知良好则促使个体去体验更多的幸福感，毕竟关系的本质是相互依赖，伙伴的关心与照顾对确保双方的幸福而言至关重要。

客观因素指的是个体在短期内无法改变的客观条件，诸如人际关系、经济、教育程度等因素。人际关系在主观幸福感的研究中很重要。人际交往过程的支持和情感关爱以及人与人之间的相互信任对主观幸福感有着积极的作用。信任度较高的个体较之于防御性高的个体会有更多的幸福感体验，和朋友一起活动对于心情的放松是非常有益的，它常常能够给人带来放松与快乐。人际关系对于良好情绪的维持起着非常重要的保障作用，无论个体是否暴露在应激源当中，周围的社会支持都可以有效提升个体的主观幸福感。此外，良好的婚恋关系也可以显著提升主观幸福感。

不可控因素则强调先天因素，诸如基因、年龄以及性别。在基因方面，在不同家庭环境中长大的同卵双生子，二者的主观幸福感类似，且这种类似会显著高于在相同家境中长大的异卵双生子。这一研究结论表明个体具有先天的快乐素质。在年龄方面，学者们通过研究发现，随着年龄的增长，主观幸福感会越来越高。但是，也有一些研究结果与之相反，即主观幸福感随着年龄的增长而慢慢下降。我国学者认为，不同年龄段的人的主观幸福感有着非常不一样的因子，也就是说不同年龄段的群体对幸福的感受是不同的，不可以这么草率简单地进行比较。此外，主观幸福感的性别差异问题在学界也有争议。有学者通过研究发现，男性和女性在整体的生活满意度以及积极情绪上无显著差异，不过女性在负性情绪的体验上相较于男性则更敏感。还有学者指出，男女对主观幸福感的内涵理解不一，也许这是研究结果不相一致的主要因素。

（三）主观幸福感的解释理论

很多因素都会对主观幸福感产生影响，针对是否存在普适性的理论来解释这些影响是如何产生的这一问题，研究者们总结了以下理论对此进行整体探讨，包括比较理论、目标理论、人格-环境交互理论、期望值理论。

比较理论是较为常用的理论之一。这一理论还包括三个子理论，分别是社会比较理论、自我理论以及适应理论。其中，社会比较理论与适应理论较受研究者关注。社会比较理论主张主观幸福感是社会比较的结果，即个体自身情况优于他人时会产生显著的主观幸福感，优越感愈强，其主观幸福感的水平愈高。比如就经济条件而言，个体收入的"相对值"可有效预测主观幸福感。此外，迪纳通过研究发现，乐观的人会和比自己条件差的人做各种比较，悲观的人则与之相反。适应理论则来源于行为主义心理学，赫尔森将其定义为：相同的刺激不断重复出现，对刺激的反应会随之减弱。单个刺激突然出现，虽然会给个体带来短暂而显著的情绪体验，但是生活终究会归于平静。适应理论视域下，个体倾向于和过去做对比，现在比过去好则会产生强烈的主观幸福感；反之，当目前的生活状态和从前相比没什么变化，个体在情绪体验上则不容易感知到幸福。适应理论认为，适应的程度受个体人格特质的影响，拥有积极品质的人会对负性生活事件进行积极、正面的评价；拥有神经质人格特质的个体因其情绪稳定性较差，生活所遇的负性事件对其主观幸福感的影响会显著大于普通人。

目标理论强调主观幸福感的体验来源于生活目标，当目标实现则会感受到强烈的幸福感。布伦斯坦构建了一个模型，并非所有目标的实现都会带来幸福感，这里有个重要的前提，即个体所追求的目标与自身的需求、价值观等一致时才能有效提升其主观幸福感的水平。

人格-环境交互理论认为，环境及其生活经历会影响人们的主观幸福感体验，随着对主观幸福感研究的深入，学者们发现从长期来看，个体的人格特质发挥着不可忽视的作用。不同人格所感受到的主观幸福感不尽相同。此外，个体自身的条件，即出身、学历等个人因素，生活环境、公共服务等背景因素也在影响着个体的主观幸福感。这个理论沿袭了迪纳等人的"交互作用"幸福理论，个体的先天因素——基因，在个体的主观幸福感中发挥了"自上而下"的作用，而个体所处的"整体环境"则起到了"自下而上"的作用。人格-环境交互理论强调主观能动性的作用，即个体的意志因素，即在基因和环境较难改变的前提下，个体可以进行自我调节，通过改变认知、选择积极的意向来获得幸福感。

期望值理论认为，高期望值对主观幸福感有着重要的影响。研究者们认为，期望值和实际成就之间的差异与主观幸福感密切相关。个体对自身的期望值和实际情况相比差异过大时会使人感受到较多的负面情绪，而期望值过低则没有追求也没有动力。此外，外界对个体的期望，个体对自身生活环境、学历的期望等，都会使个体的幸福感不尽相同。

二、明确的目标

生命因目标明确而璀璨。美国贝里斯博士在《泰晤士报》开设了一个关于幸福科学的专栏，题为"感觉良好博士"。他曾说："我们将让孩子们自己思考快乐和幸福的有益方式。……我希望这些孩子认识到我们能够制造幸福，而不是消费幸福。"许多平常和琐碎的事情都将是生命或精彩或黯淡或成功或失败的原因，一个人的命运因心态改变而改变。人的一生中会遇到许多需要珍惜、把握的事情和机会，也会遇到很多挫折，但只要胸怀大志、目光长远，每天向目标迈进，成功就会循序渐进地变为现实。

三、和谐的人际关系

（一）人际关系的缘起

人际关系是指人和人之间通过直接交往形成的相互之间的情感联系，主要表现为人们心理距离的远近、个人对他人的心理倾向以及相应的行为等。梅奥是人际关系理论的创始人，其中"人际关系"一词是其在1933年出版的《工业文明的人类问题》一书中提出的，书中首次探讨人际关系这个因素在生产与管理中的作用，标志着人际关系学说的创立。人际关系既包含认知与情感，也包含人的行为，究其本质是人与人之间通过交往所进行的情感交换。人际关系能力比较好的个体，在与他人认识的开始便会以合适的方式去对他人产生影响，从而实现个人所一直追求的目标，与之提高的还有个体对于社会生活环境的适应。

个体心理学研究者阿德勒对于人际关系、自卑感以及社会适应三者之间的关系，很早便有所关注。他表示个体需要在他人的世界里，尽全力找到那个契合自己的位置并被大众所理解。而管理心理学则揭示，人际关系是人们在相互认识与交往的过程中，逐渐形成的心理以及行为关系。不同学者的观点不同，学者乐国安认为，人际关系是人们在社会生活中，为了满足彼此的需求而建立起来的心理关联；研究者金盛华则表示，人际关系是个体在与他人相知相熟的交往过程中逐渐形成的情感联系，双方的情感联系是使人际关系稳定的一条纽带。

人际关系的建立与发展是一个由表及里的过程，即从初次注意到亲密的渐进发展过程。具体表现为一段关系的建立先后需要经历以下几个阶段：第一阶段为定向阶段，即交往双方彼此注意、选择及沟通；第二阶段为探索阶段，即探索双方的异同点并建立联系；第三阶段为情感交流阶段，在这一阶段，双方进一步交流，带有更深的情感，逐步信任；第四阶段为稳定交往阶段，这个阶段伴随着更为深入的自我分享与自我暴露，同时还允许对方进入彼此的私密性领域。总体而言，人际关系不论是在形成的阶段还是在发展的阶段，其过程都应该是相互作用的。

直到今天，人际关系依旧是社会心理学中较为重要的研究领域之一。广义上来讲，研究者认为人际关系指的是个体与其周围人相互作用所产生的一种交际关系，主要表现为人们心理距离方面的亲疏远近、个人对他人所持的心理倾向和所对应的行为等；狭义上来说，人际关系指的是个体学习及生活期间与周围个体及群体相联系的一种关系。人际关系可以建立在两个或多个群体之间，在不同的情境里通过各种形式形成、发展与稳定的情感交换。比如，通过与另一个人交往与互动，建立起情感联系，并通过面对面的交流、线上的联系等方式来维持。

综上所述，人际关系可以从个体的认知、个体的情感以及个体的行为三个方面进行描述，它包含个体对人际关系的理解、对情感的体验和外在的行为。简而言之，人际关系就是人与人之间在交往过程中，为了满足彼此情感等需求，建立发展起来的一种心理联系，其亲密程度取决于彼此间的需求程度。

（二）人际关系的相关理论

作为社会心理学领域较为重要的概念之一，人际关系在其创立、形成与发展的过程中形成了诸多理论。国外学者对于人际关系理论述评不外乎以下三个方面：人际交往理论、人际特质理论以及人际激励理论。

人际交往理论的代表性观点主要有符号相互作用论、社会交换论、场合交往论、自我呈现论以及T组理论等。符号相互作用论指的是在个体人际交往的过程中所形成的自我的一套符号系统，其中最为重要的是语言符号，这一观点片面夸大了符号的作用，忽视了个体所有的主观能动性；社会交换论则是说，个体与他人的交往具有社会性，它的关键在于交往双方的付出和报酬应该大致相同，以公平性原则为基础展开交往，这一观点将人际交往简化为非常功利的利益关系，大大忽略了个体特有的品质；场合交往论强调的是场合情境在人际交往中的重要性，个体根据特定的场合做出特定的行为反应，这一观点过于强调场合，而忽略了人的社会属性；自我呈现论则强调个体在和他人的交往过程中，其所抱持的强烈的动机及目的，包括有计划地呈现自己，使得他人对自己形成一种自己心里所期望的独特印象，这一观点认为个体为了达到目的，可以不顾道德伦理且不择手段；T组理论则认为交往者将内心的情感表面化，促使交往双方对所交流的观点有所共鸣，而使得沟通交流更为顺畅，这一观点夸大了潜意识的作用，忽视了对人们交往行为的考察，较为片面。

第一章 绪 论

人际特质理论认为个体皆有建立与发展人际关系的需要，但是不同个体情况不一。在这个背景下，该理论认为个人在与他人相互交往的过程中，存在着三种人际需要，展开来讲，就是支配、情感和包容的需要，它们结合不同的表现形式可以分为主动包容式与被动包容式、主动控制式和被动控制式，以及主动情感式和被动情感式。霍尼则把个体的人际关系分为逊顺型、进取型及分离型。逊顺型的个体在人际交往过程中会以他人对自己的印象为锚点，调整自己的言行举止；进取型的个体大多以自我为中心，考虑对方给自己所带来的益处；分离型的个体在人际交往过程中显得较为孤僻、被动。

人际激励理论主要包括三大理论：需要理论、归因理论以及公平理论。需要理论的主要观点包含马斯洛的需要层次理论。马斯洛认为，个体只有在低层次需要满足之后才会向高层次需要发展；而麦克利兰的成就激励理论认为，个体只有在成就动机提高之后才有利于增加群体凝聚力以及改善自我的人际关系。在归因理论中，海德认为个体对行为或事物进行归因时倾向于归于内在或外在环境；维纳则认为个体对于成败的归因会影响个体的人际关系。公平理论由亚当斯于1965年提出，他强调公平对人际关系有着必然的影响，个体在与他人交往的过程中不断对自己的付出及回报进行衡量和比较。

（三）人际关系的测量方法

人际关系与人们的生活息息相关，和人们的社会角色紧密相连，如何科学地对人际关系进行测量，是心理学家们所重视的问题之一。前人对人际关系的测量从两方面进行：一是对社会群体的人际关系结构进行衡量；二是对社会个体的人际关系状况进行评估。其中，对群体进行的社会测量法，由20世纪初的美国学者莫雷诺最先开启，他从群体的立场出发，使用社会测量法对社会所有成员的总体和个体的人际关系情况进行了解。这个方法通过成员之间彼此的相互选择，可以非常直观地看到人与人之间的心理联结和所存在的间隔，它的依据是个体相互选择的情况可以很好地反映人们心理上的链接。这个方法通过对成员间相互选择的情况进行分析，从而清楚知悉人们相互间喜恶的情绪关系。

此外，在对整个社会成员测量的基础上，心理学家还编制了一些测量社会个体人际关系情况的问卷，即人际关系状况的自我诊断，包括人际交往类型测验、人际关系能力测验以及不良交往行为的自我测量。人际交往类型测验主要依据个体在人际交往中是否能够积极主动、对于群体其他成员是否具有支配性、是否可以遵从社会道德要求以及是否能够积极地悦纳他人等方面，准确判定个体的人际交往类型；人际关系能力测验则是从个体在与别人的相处中如何与他人建立发展关系、如何与他人和平共处，以及在双方产生冲突时怎样很好地进行自我管理等方面进行测验；不良交往行为指的是，在人际交往过程中个体是否常常以自我为中心，只关心自己感兴趣的事情，不在乎他人的情感感受，即与他人交往时寡言少语、所持态度冰冷，又或者总想胜人一等、强势不饶人、强行打断他人的发言等。对这些不良行为的测量，对于改善个体的人际交往关系非常有效。

近年来，对于人际关系持续深入研究的学者们大多意识到目标追求与人际关系之间非常重要且关键的地方是二者的相互作用。所以，研究者们在对人际关系的探索中发现，应该重点探究在人际关系这个情境之下个体对目标的追求过程。菲茨西蒙斯在研究中提出了人际交往目标的概念，他的研究指出：人际交往目标是个体在人与人交流沟通的社会活动中，常以人际关系为出发点，对他人的态度常表现为追求、保持或回避。在人际交往中热心地帮助他人、重视和他人的亲密关系，或者为了使自己在和别人的交往中不会被他人拒绝等，这些都有关于个体的人际交往目标。人际交往目标可以反映个体目前一种特定的行为和意图。简言之，个体不懈追求的目标，对其认知、情绪及行为等都会有影响。因为目的性太强，总会使周围人产生竞争的感觉，时常紧绷会让个体享受不到周边的风景而变得敏感烦躁，还会因为过多地考虑自我而较少地关注其他个体，甚至是为了满足自身的需求和欲望而漠视周围的一切，而后果有可能是与周围人或事情敌对，从而和他人交往时极易产生冲突的行为。同时，这也会给自己带来非常多的情绪困扰，进而导致不良的人际关系。

第二节 积极心理健康教育基本体系

一、积极心理健康教育的内涵与作用

（一）积极心理健康教育的内涵

积极心理健康教育就是遵循教育对象的生理和心理发展规律，以人性向善为价值取向，运用积极的内容、方法和手段，坚持正面引导，重视发展和培养个体的积极心理品质，防治各种心理问题，促进个体身心全面和谐发展的教育活动。积极心理健康教育是孟万金教授基于我国学校心理健康教育的现状，在教育实践

的基础上，整合借鉴西方积极心理学、积极心理治疗等诸方面思想提出的。

积极心理健康教育以积极和发展为方向，坚持积极的评价取向，重视调动人自身的积极因素，挖掘人应有的潜能，倡导用一种积极的心态去探索人们内心的正能量，其目的是让人们采用积极的态度去面对和解读众多心理现象（包括心理问题），从而激发人固有的、潜在的、向上向善的力量和美德，能用积极的心态去面对和解决生活中的困难和问题，形成正直善良、自律自信、感知幸福、乐观向上等积极心理品质。

（二）积极心理健康教育的作用

积极心理健康教育能够有效解决大学生的心理问题，因此探索高校积极心理健康教育的途径势在必行。积极心理健康教育秉承积极心理学对人性持积极评价的取向，坚持面向全体学生，以预防为主，重在通过心理健康教育，开发学生固有的积极潜能，培养他们良好的心理素质，同时兼顾解决心理问题和治疗心理疾病的功能，并将整个过程体现在学生成长的各个方面。

根据大学生的特点和普遍存在的问题，开展大学生积极心理健康教育，就是要根据大学生的生理、心理特点，以积极的心态看待学生存在的各种心理现象，坚持以教育预防为主，不回避问题，摒弃偏见，用积极的内容和方式激发他们内在的积极品质，化解当前学生存在的心理危机，提高其心理免疫力和抵抗力，让学生学会创造幸福，积极向上，使生命最佳状态得以丰富和发展。

二、积极心理健康教育的方向与目标

积极心理健康教育秉承积极心理学对人性持积极评价的取向，研究和教育的重心是人与社会的积极因素，坚持"弘扬正气"的大方向。传统的心理学文献中充斥着研究心理问题、心理障碍与变态心理等消极心理现象的文章。这种消极心理学研究模式把人们的注意力引向人类心理的消极层面，而忽视了人的积极品质、自我实现以及社会和谐，导致了心理学研究的畸形与片面发展，进而使传统心理健康教育偏重心理问题和心理疾病。因此，积极心理健康教育方向不是与传统心理健康教育方向相对立，而是对传统心理健康教育方向的矫正。

三、积极心理健康教育的任务与功能

积极心理健康教育观认为，人人都有积极的心理潜能，都有自我向上的成长能力。因此，积极心理健康教育将任务重点放在培养学生内在积极心理品质和开发心理潜能上，比如，积极的思维品质、积极的情绪情感体验、积极习惯的养成、积极人格的塑造、积极认知方式的形成、积极意志品质的磨炼、积极心态的调整、积极组织与积极关系的建立等。具体来说，包括培养真诚、忠诚、坦诚、诚实、正直、仗义、率真、信用、自信心、自制力、情绪控制能力、情绪调节能力、有效地管理自己的能力、心理承受能力、环境适应能力、人际交往能力、人际吸引力等积极心理品质以及各种智力潜能和非智力潜能的开发。

积极心理健康教育的功能不仅包含发展性功能、预防性功能和补救性功能，而且致力于使人具有积极的理想追求、较好的社会功能、高效率的工作状态、建设性的人际关系、独立自主的人格和丰富多彩的精神生活等。

对学生来说，积极心理健康教育尤其突出提高学习效能、减轻学习负担的特殊功能。学习是学生在学校的主导活动，应试教育背景下，心理健康教育在一些学校之所以得不到应有的重视，主要原因之一就是心理健康教育与学习、考试相脱离，不能有效地提高学生的学习成绩和减轻学生的学习负担。积极心理健康教育要能帮助学生学会有效地学习，提高学习效能和学习热情，这是积极心理健康教育必须抓住的主要矛盾，也是积极心理健康教育的主战场。只有这样，积极心理健康教育才富有生命力，才能得到学校领导和全体师生、家长的足够重视。

四、积极心理健康教育的对象与内容

积极心理健康教育特别强调面向全体学生，并且将教师、家长包含在内，使所有人既是自我教育的主体，又是接受教育的对象，从而构建起新型的教育结构内在的双主体的平等关系。

积极心理健康教育极大地丰富和发展了传统心理健康教育的内容。谢恩·罗普兹等选取美国4种主流咨询心理学杂志进行内容分析，将积极心理品质按频次由多到少做了归纳和总结，具体内容及顺序为价值观、道德规范、自我效能、成就、自尊、调节、应对、移情、目标设置、自我概念、问题解决、自我控制、亲情、思想开放、现实化、幸福感、动机、希望、适应性、一般能力、领导力、生活满意度、创造性、洞察力、见识、乐观、灵性、道德判断、情感智力、爱、生命力、积极情绪。这为积极心理健康教育内容的确立提供了参考依据。根据中国国情和学校心理健康教育的实际情况，综合考虑时间指向（过去、现在、未来）、活动类型（生活、学习、工作、社交等）、关系维度（对人、对事、对己）等，笔者将下列14项优先列为学校积极心理健康教育的核心内容：①增进主观幸福感；②提高生活满意度；③开发心理潜能；④发挥智能优势；⑤改善学习力；⑥提升自我效能感；⑦增加沉浸体验；⑧培养创新能力；⑨优化情绪智力；⑩健全和谐关系；⑪学会积极应对；⑫充满乐观希望；⑬树立自尊自信；⑭完善积极人格。

五、积极心理健康教育的途径与方法

积极心理健康教育提倡全方位、全过程、全面渗透、全员参与的途径，形成以学校分管领导为统领，以专业心理教师为核心，以班主任为骨干，以学科教师为生力军，以家长为后援，以正向校园文化、社会环境和媒体宣传为积极氛围的积极心理健康教育立体网络。在具体方法的选择和运用上，更加强调情景性、参与性、互动性和体验性。从本质上说，心理健康教育过程实际上是一种情感体验的过程，特别强调情感、情绪对团体中人的作用。教师通过教学设计，让学生进入实际情景、模拟情景或想象情景中去体验、思考和分析，进而让学生了解自己的心理反应，获得相应的情感体验，从而提高认识，培养健全的心理素质。所以，像多元智能途径、心理情景剧、心理活动课和心理拓展训练等都被证明是学生喜闻乐见又富有成效的积极心理健康教育途径与方法。

六、积极心理健康教育的成效与评价

积极心理健康教育的成效除了表现为传统心理健康教育所追求的消解心理问题、减少心理障碍以外，更看重以下几个方面。

首先，积极心理健康教育的成效体现在积极心理品质的发展上。个人层面上的积极人格特质包括乐观、爱、职业能力、勇气、交往技能、美感、宽恕、创造性、天赋和智慧等。群体层面的积极组织系统包括如何创造良好的社会环境以促使个体发挥其人性中的积极品质，如责任感、利他、文明、忍耐和职业伦理等。

其次，积极心理健康教育的成效体现在主观层面的积极情绪体验上，比如对过去的幸福感和满意感，对现在的愉悦感，对未来富有建设性的认识，如希望、忠诚等。

再次，积极心理健康教育的成效体现在对心理问题的积极预防上。单纯地关注个体身上的弱点与缺陷是不能产生有效的预防效果的，应该通过发掘患者自己身上的力量来有效地预防心理疾病。人性层面的积极力量和美德，如勇气、乐观、爱、交往技能、职业道德、信仰、希望、忠诚、坚韧等，对心理疾患起着不可忽视的预防、调节和缓冲作用。

最后，积极心理健康教育的成效体现在积极临床心理学模式的转变上。未来的心理治疗不仅仅是修复创伤，将会更加提升病人所具有的美德和力量，用一种更加开放、更具欣赏性的眼光去看待和理解人类的潜能、动机和能力。

积极心理健康教育把评价当作促进心理健康教育的有效手段，因而对形成性评价情有独钟，通过经常的形成性评价，可以经常监控、调整心理健康教育过程，也可以使学生不断得到反馈和强化，自觉调整自己的发展方向。

积极心理健康教育最核心的评价就是对积极心理品质的评价。根据积极心理学所列积极心理品质的顺序，结合我国国情，笔者编制了6个维度24个项目的积极心理品质评价量表：①认知维度，包括创造性、好奇心、批判性思维、热爱学习、智慧；②勇敢维度，包括勇气、坚韧、诚实正直、活力；③人际智力维度，包括爱心、友善、社会智力；④公民素质维度，包括公民性、公正、领导力；⑤自我调节维度，包括宽恕怜悯、谦虚、谨慎、自制；⑥追求卓越维度，包括审美、感激、希望、风趣幽默、信仰。

第三节　大学生心理健康的重要性

一、有利于大学生正确认识自我

尽管每个人的成长历程不同，但往往都是从最先的自我认知开始，然后逐渐向身边的人和事物拓展开来。心理健康的人会主动融入周围的人和事物，正确认识自身的优缺点，扬长避短，在自己的人生道路上准确找到合适的位置，去实现自己的理想和目标。而心理存在缺陷的人会产生各种负面情绪，对学习、生活越来越缺乏信心，甚至导致悲剧发生。

二、有利于大学生全面健康发展

大学时期是大学生世界观、人生观、价值观基本定型的时期，大学生不仅要努力学习科学知识和本领，而且要为将来踏入社会全面发展打好坚实的基础。大学生有着健康的心理，能够指导他们正确科学地看待自己的人生理想和目标，面对人生道路上的各种挫折和压力时，能够很好地调节自己的情绪，克服各种困难，从而走向成功。

三、有利于促进和谐社会的发展

社会的和谐有赖于人与人之间的和谐，而人的和谐自然离不开教育。当代大学生是社会主义建设的主力军和接班人，他们的心理健康直接关系到祖国未来的发展。因此，高校不仅要重视大学生的学习成绩，而且应当加强他们的心理健康教育，确保他们健康成长，为将来和谐社会的建设打下坚实的基础。

第四节 开展大学生积极心理健康教育的必要性

一、培育大学生学科核心素养的要求

（一）积极心理健康教育与思想政治学科核心素养相契合

思想政治学科核心素养是学生发展核心素养在思想政治学科中的具体表现，主要包括政治认同、科学精神、法治意识和公共参与四个核心素养，强调学生的必备品格与关键能力的培养和形成过程。

而心理健康素养的核心内容同样强调学生的必备品格和关键能力，涵盖所有能对学生的学习与生活产生重要影响的以及学生适应社会所需求的个体心理品质，例如，情绪调适能力、应对挫折能力、环境适应能力等。因此，可以将思想政治学科核心素养理解为学生在学习过程中生成的、学科自身独有的、稳定的、综合性的心理健康素养。此外，学生对文化和社会生活的态度和看法其实就是思想政治学科核心素养所包含的人文情怀、探索精神、责任感、国家认同等意识形态内容的直接体现。

（二）积极心理健康教育为思想政治学科核心素养做基础

为了实现学生思想政治学科核心素养的落地，必然需要心理健康、道德、哲学、审美、信息等非核心要素素养作为基础和辅助，尤其需要心理健康素养。学生能够拥有良好的自我认识能力、情绪调适能力、人际交往能力、生活和社会适应能力等是其达成思想政治四个核心素养的前提与基础，也是达成心理健康教育、促进学生身心健康、实现可持续发展、健康幸福生活培养目标的重中之重。

思想政治学科核心素养既表明一种情感倾向，又代表一种心理归属。政治认同素养要求学生坚定中国特色社会主义四个自信；科学精神素养要求学生能够感悟人生智慧，做出科学解释、正确判断和合理选择；法治意识素养要求学生拥有法治让社会更和谐、生活更美好的认知和情感；公共参与素养要求学生积极体会人民当家作主的幸福感。

但受到当下复杂社会环境和自身发展冲突的影响，学生容易对社会主义制度的优越性产生怀疑，继而干扰学生做出正确的价值判断和价值选择，阻碍学生体会法治让生活更美好的情感和人民当家作主的幸福感。而积极心理健康教育工作则能辅助学生提高自我心理成熟度，学习如何树立正确的三观，帮助学生以健康的心态和成熟理智的思想应对日益复杂的社会环境和多元价值冲突，进而推动和促成思想政治学科核心素养的落地。

二、促进大学生身心发展的迫切需要

在互联网时代，大学生获得信息的渠道越来越多，网络成为大学生与社会沟通、交流的重要渠道。当过载或超载的信息不断涌入，对正处于生理发展已基本成熟、心理发展却尚未完全成熟的大学生来说，面临着多重挑战。从内在因素来看，现阶段大学生的自我意识正在不断增强，内心出现的感性和理智的冲突、理想和现实的矛盾，是其开始关注自己内心世界的标志。从外在因素来看，社会交往的复杂化、成长环境的差异、青春期的情感变化、就业困难等因素，都会转变为大学生心理压力的来源。当大学生认识到虚拟网络和现实社会的反差时，内在因素、外在因素就会导致其产生不同程度的心理问题，影响其正常心理和情绪，对他们的身心健康发展造成一定程度的不良影响。

由此可见，开展大学生积极心理健康教育能够解决由内在因素和外在因素引发的心理问题，促进大学生身心健康发展。

三、大学生心理健康教育的现实要求

当前心理健康教育已取得了一定的成效，但随着时代的发展、生活的进步、数字化的普及，传统的教育方式已经无法适应当前大学生的心理发展需求。传统的大学生心理健康教育调动大学生参与学习的积极性不足、不充分，以"灌输式"的课堂教学为主要方式，缺少互动性，积极心理健康教育恰好弥补了这个不足。同时，大学生可以通过网络平台隐藏自己的真实姓名，畅所欲言，自主学习心理健康知识、选择自己感兴趣的心理话题、匿名进行即时的心理咨询等，这就打消了大学生在接受传统心理健康教育时的心理顾虑，有时会取得超出面对面的心理健康教育的效果。因此，积极心理健康教育者要利用好网络，拓宽教育路径，创新教育方式，对大学生可能出现的各种心理问题进行及时预防和解决。

四、提升大学生思想政治教育实效性的内在需要

大学生思想政治教育的实效性建立在大学生拥有健康心理的基础上，主要是因为个体的思想与心理发展紧密相关。因此，促进大学生的心理健康发展可以为后续的思想政治教育打下坚实的基础。相关研究表明，在学习过程中充分调动大学生的认知、情感、意志等心理因素，激发其自身学习潜能，使其具备积极的心理状态容易产生内在的学习需要，容易达到学习目标。

第二章 高校心理健康教育与心理育人现状

高校心理育人是提升高校心理健康教育工作质量的十大育人体系之一。高校心理育人提高了心理健康教育在育人工作中的重要性，助力学生健全人格的形成。当前，高校心理健康教育与心理育人仍存在着一些不足，通过分析心理健康教育与心理育人的现状来寻求变革思路，探析高校心理育人的有效路径，能够助力高校心理育人达到预期成效，更好地实现高校心理育人的效果。本章分为高校心理健康教育现状，高校心理育人的功能、特征与理念，高校心理育人成效与存在的问题三部分。主要包括高校心理健康教育的新进展、高校心理健康教育存在的问题、高校心理育人的功能、高校心理育人的特征、高校心理育人的理念等内容。

第一节 高校心理健康教育现状

一、高校心理健康教育的新进展

（一）新一代大学生的心理特征

中国科学院心理学研究所发布的《中国国民心理健康发展报告》显示，近几十年我国大学生总体心理健康水平相对稳定，并有小幅上升的迹象。同时指出，心理健康的逐年改善与城市化、国民收入、大学生比例、消费水平、入学率、财政支出等社会因素有关。

掌握新时代大学生的心理健康状况，对于开展有针对性的心理健康教育研究具有重要意义。有学者发现，"00后"大学生群体思维更灵活，更自信乐观，价值取向更多样化，自我意识更强，普遍心理健康水平较高，更愿意交谈和干预。但也有部分学生对真实沟通更敏感，更容易紧张和焦虑。应加强大学生边缘群体积极社会心态的培养，高度关注其社会情绪、社会行为，根据实际情绪需求和社会需求，了解大学生的心理动态，建立有针对性的预警机制，及时引导，帮助大学生形成积极的社会心态。

（二）高校心理教育协作机制的解读

学术界在《高校思想政治工作质量提升工程实施纲要》中深入探讨了"心理教育"的具体要求，探讨了全体员工全过程综合模式下高校心理健康教育的重点问题。一些学者认为，高校心理健康教育工作从弱到强不断发展和完善，教育对象心理问题的成因与方法和手段的隔离仍存在矛盾，阻碍了新时代高校心理健康教育工作的有效发展，提出建立明确的心理教育目标，丰富和扩大心理教育支持学科，提高心理教师队伍德育的整合能力，协调和促进心理健康教育机构与相关资源和力量的互动与整合。一些学者提出，心理健康教育应促进学生的全面发展，融入学生心理发展的整个过程，全面引导和促进学生的认知、情感、意志、价值观、行为和个性。

（三）高校心理健康教育的创新发展

目前，大多高校根据自身的实际情况，把心理健康教育课程纳入整体教学计划，面向大学新生开设心理健康教育课程，为全体学生开设选修课，力求最大限度地实现心理健康教育课程的覆盖。人们普遍认为，当代大学生的传统心理健康教育课程应该探索更新颖的形式、更灵活的方法和更丰富的内容，吸引学生的注意，鼓励他们调动自身的积极资源，获得身心成长。有学者提出，结合具体实践，鼓励采用独立自主学习大学生心理健康教育课程的模式，师生决定课程内容，提供小组讨论框架来加大学习的深度，让学生主动参与心理健康教育课程主题选择、课堂互动、自我展示、学习等一系列活动，让心理健康教育真正进入学生的大脑和心灵。

同时，一些学者深入分析了移动互联网平台应用于大学生心理健康教育教学的可行性，认为丰富多彩的三维移动互联网平台为大学生心理健康教育教学提供了前所未有的动态形象特征，提出建立"上下联动"的心理健康学习情境。在线课程教学采用视频或直播教学，突破空间边界，实现实时课堂；线下课程注重与在线课程的实时对接，实现翻转课堂的深度整合，通过小组咨询、心理咨询、角色扮演等线下课程，加深学生对在线课程的理解和体验，促进学生积极心理健康的发展。

(四) 高校心理危机干预工作的反思

大学生心理危机干预一直是心理健康教育的首要任务。近年来，高校心理健康教育和咨询的社会期望和要求不断提高。特别是自《中华人民共和国精神卫生法》颁布和实施以来，对学生心理问题、心理健康咨询场所和环境，学校管理与学生权益的平衡，高校顾问专业资格提出了规范性要求。一些学者提出，必须明确心理咨询与心理治疗的界限，明确高校心理辅导员职能定位，完善心理健康教育规章制度，建立有效的心理危机干预制度，加强学校与医院的沟通与联系，促进大学生心理危机的干预工作。

二、高校心理健康教育存在的问题

（一）学校方面

1. 高校心理健康教育观念落后

就目前对大学生的心理健康教育的研究来看，大学生心理健康教育的理念比较陈旧，而且在认知观念上存在一定的误区，严重影响了心理健康教育工作的创新和发展。大学生心理健康教育不仅仅是对心理知识进行普及推广，更应该是一种功用之学，能帮助学生塑造健康的心理状态，具有重要的现实意义。

从高校角度来讲，高校的管理者和心理健康教育的相关教师对于大学生的心理健康教育还存在很多盲点，目前心理健康教育的实施形式以课程必修、课程选修、专家讲座、教师授课为主。讲课的方式较为单一，形式固化，模板套路的味道浓，缺乏实效性和趣味性。大学生正处在人际交往的稚嫩简单阶段，教师在对学生教授心理健康教育基本理论知识的同时，也要为学生讲解调节心理问题的技能，还要引导学生形成积极正确的价值观念，因为一些心理问题很有可能就是由思想问题导致的。高校的一些教育工作者对于心理健康教育实践的错误认识，使得学校没有充分了解学生的心理需求，开设的所谓心理健康教育课程，不是因为这门课程重要，而是为了应付教育部的教学工作检查。更有一些教育者不能正视心理健康状况有问题的学生，在交际过程中避犹不及，这就很难引导学生关注自身的心理健康。好的教育应该是双向的配合，在教育实践中既要有教师的传授，也要有学生的积极反馈，并作用于学生日常的生活和学习。因此，高校应该更新教育观念，丰富教学形式，探索心理健康教育的新理念和新举措。

2. 高校教育保障机制不够完善

良好的心理健康教育保障机制是更好开展高校学生心理健康教育的基础，目前高校心理健康教育存在保障机制不完善的问题。在众多高校的教育政策和教育理念中，科研成果往往会被放在首要位置，因为科研会给高校带来更多的经费和比较靠前的排名，为高校带来更多的附加效益，因此很多高校不重视心理健康教育，在教育政策上没有过多地涉及心理健康教育。拥有完善的硬件才能更好地开展心理健康教育工作，但目前很多高校都没有完备的心理咨询室，咨询室的很多硬件设施都达不到要求，条件较为简陋，不能带给学生良好的心理咨询体验。

很多高校的心理健康教育教师数量很少，缺乏专业的师资队伍建设，往往需要聘用辅导员为兼职心理健康教育教师来负责所带年级学生的心理健康教育，但是大多数辅导员并不具备科学系统的心理健康教育领域的基础知识，只有专业的心理健康教育教师才能够给学生提供更专业的服务，以专业的心理学方法来发现学生存在的心理问题。因此，高校在进行心理健康教育工作时要得到高校教育政策的照顾，优化心理健康教育咨询室的硬件设施，为学生提供更舒适的环境，引进专业的心理健康教育教师，为心理健康教育工作的开展配齐充足的硬件和"软件"。

3. 高校科学指导与全面规划不足

我国的心理健康教育起步较晚，基础工作也较弱，总体来说还处在初级阶段。因而高校心理健康教育也发展得比较缓慢，存在一些错误的倾向。例如，当前高校教育仍以理论学习为主要培养目标，忽视学生全面发展的需要和诉求，特别是在当今个性化需求越发明显的时代，高校心理健康教育仍以教条化的书本为主要工具，缺少人性化和针对性的教学手段。很多高校没有对心理健康教育进行科学指导与全面规划，多数以辅导员作为学生心理健康状况的负责人，缺少专门的责任部门和责任制度，心理健康教育效果的好坏完全取决于辅导员个人的敬业精神和引导能力。因此，高校要对心理健康教育工作进行科学指导与全面规划，推动心理健康教育朝着更加专业化的方向发展，为大学生的健康心理保驾护航。

4. 高校教育力量专业性差且分散

目前，高校心理健康教育工作主要由辅导员和承担心理健康教育课程的教师负责，教师的心理健康知识储备、心理咨询能力的专业性以及工作的责任心和工作体系的完善性决定了心理健康教育工作开展的效果。辅导员常常囿于各种烦琐的日常管理工作，难以洞察学生的心理变化，且易混淆心理健康教育和思想政治教育的工作内容，无法有效开展心理健康教育。据统计，心理健康教育教师、心理咨询师专职化程度低，心理学相关专业教师数量少，且其心理健康教育能力不足，加之因本职工作更重要，常无暇关注有心理咨询需求的学生，导致心理健康教育工作无法及时进行。

因心理咨询的保密性原则，心理咨询师无法及时将信息反馈给辅导员，辅导员无法在日常生活中对学生及时进行疏导，提高干预效果。辅导员也缺少和心理咨询师的沟通，导致心理咨询师不能对学生的心理状态进行跟进、追踪，往往是单次咨询就结束工作，既不能评估学生的心理问题是否得到解决，也不能提升心理咨询师的咨询水平，更不能形成系统的心理咨询体系。

学校除学工系统以外的专业课教师、行政管理部门的教职工均认为对大学生的日常教育以及心理健康教育不是自己的本职工作，从而忽视自己是高校心理健康教育的主体之一。

5. 高校心理健康教育教学手段不足

即使各大高校逐渐开设了与大学生心理健康教育相关的课程，并且由心理健康教育教师向大学生传授系统的心理健康理论知识，但是教学手段尚不成熟，在教学过程中存在缺乏与大学生及时沟通、课堂不够规范等教学问题，并且在教学过程中存在只为少数大学生提供服务，过于重视问题学生，进而忽视了大多数正常学生的问题。此外，由于心理健康教育教师的专业性不强，难以系统灵活地传授知识，教学手段也过于老套，导致很难激发大学生的学习兴趣。

6. 高校心理健康教育师资力量不足

大部分高校的心理健康教育师资团队严重缺乏专业师资力量，不管是数量还是质量都不能满足当下大学生心理健康教育的实际需求。我国教育部提出的大学生心理健康教育教师与学生的比例应当是1∶3000，这个比例已经远远低于国际标准，但即使这样，依然有许多高校不能达到标准。大学生心理健康教育对教师专业素质的要求十分严格，必须经过严苛的专业培训才能胜任教师职务。受我国心理健康教育水平整体偏低的影响，各大高校的心理健康教育师资力量不足，师资内部水平参差不齐，很难从根本上对大学生心理健康教育起到促进作用。

7. 高校对心理健康教育经费投入力度不够

现如今，大部分高校的经费都用于完善专业教学设施，目的是让大学生得到更加专业的教学，但这一过程中对校内心理健康教育设施的投资就显得相对薄弱。高校在处理经费问题时忽视对心理健康教师的培训和提高、忽视对心理健康教育课程的安排、忽视建设心理健康辅导办公室的重要性等，诸如此类的情况都使得心理健康教育的经费投入力度不够。心理健康教育专项经费的缺乏，也会影响大学生心理健康教育工作的顺利进行。

8. 高校对心理健康教育的重视程度不够

部分学校对大学生教育的关注点仍以学业为主，过于追求专业知识教学，忽视了对人才的全面性培养。近年来，教育部对大学生心理健康教育的重视程度逐步提高，出台了大量关于大学生心理健康教育的相关文件，文件中普遍要求各大高校提高对大学生心理健康教育的重视程度，贴合当今实际做好大学生的心理辅导工作以及心理健康知识普及工作。因此各高校逐渐将心理健康教育工作纳入学校的教育规划主体，成立了专门的心理健康教育部门，并设立心理辅导办公室，开展相应的教学及实践活动。

但从整体的教育成果来看，部分高校的心理健康教育部门和心理辅导办公室形同虚设，对大学生心理健康教育的重视只是纸上谈兵，对心理健康相关实践活动的开展也处于忽冷忽热的状态。学校不能持之以恒地对大学生进行心理健康教育，且现有的心理健康教育只停留在理论知识层面，没有针对性的深入教学。

(二) 学生方面

很多大学生不能正确地认识心理健康教育，甚至对心理咨询敬而远之。部分大学生认为如果自身心理被诊断出有问题，则是一件难以启齿的事情，甚至认为自己异于常人。如果没有心理健康知识的引导，会很难及时解决大学生存在的心理问题。还有部分大学生在得知自己存在心理问题后，不能及时地接受心理治疗或者抗拒心理治疗，对于心理治疗的效果也是急于求成。而这些都不利于大学生尽早解决心理问题。

在高校中还存在一类现象，即普通学生过分关注接受过心理咨询的学生，从而导致接受过心理咨询的学生压力增大，引发不良效果，这也表明整个大学生群体缺乏心理健康知识。在现在这个快节奏的社会当中，每个人都或多或少地出现心理失衡的情况，及时发现并积极解决才是对待心理问题的正确态度，反之对心理健康认识的不足很有可能引发更严重的心理疾病。

第二节　高校心理育人的功能、特征与理念

一、高校心理育人的功能

明确高校心理育人工作的功能是研究高校心理育人工作的前提条件，同时也是加强高校心理育人工作质量的着手点，为提出提升高校心理育人工作质量的路径奠定理论基础。

（一）提升大学生心理素质和人格水平

在大学生成长的过程中，高校心理育人工作不仅能解决大学生的心理问题，而且能促进其心理素质和人格水平的提升。随着中国社会经济转型升级和国际环境的变幻莫测，繁杂的社会价值观念、复杂的家庭内部结构与矛盾及大学生自身素质等内外因素，都有可能带来大学生心理方面的问题。高校心理育人工作者通过心理健康干预，使大学生心理健康水平和学习生活回归正常的同时，提高了大学生的心理素质和人格水平。

心理素质和人格水平同步发展，大学生才能更加全面地发展。一般来讲，人格分为政治人格、道德人格和法律人格。

首先，心理育人通过培养健全的心理人格，为政治人格提供心理资源，如马克斯·韦伯认为"拥有激情、正确的判断力、责任心、意志力、不虚荣"是每个政治人应有的心理素质。

其次，道德人格综合反映的是人的道德品质、价值观念等诸多心理状态。因此，通过大学生的心理状态可以预测大学生的德行。心理育人的发展可以同时促进大学生心理状态和道德人格水平的发展。

最后，法律人格在某种意义上是自我控制的人格。复杂的社会环境要求大学生具有法律意识，具有自我控制能力。当代大学生在不具备健全的法律人格的前提下行使权利，很容易走上犯罪的道路。心理育人所开展的认知方式教育、心理危机干预和应急管理都有助于大学生自我控制能力的提升。由此可见，高校心理育人能够协同发展心理素质和人格水平，使人们对人的全面发展有更深的理解。

（二）提高大学生认知能力和道德水平

价值观属于人内心结构的深层信念系统，会始终贯穿影响人的意识世界和精

神领域，深刻影响大学生个体深层次的心理发展过程。育人在于立德，社会主义核心价值观是大学生应当遵守和实践的德行规范的总和。因此，新时代心理育人更应注重其引导作用。心理育人的目的是持续不断地引导受教育者自我发现、自我觉醒、自我造就，让受教育者意识到"他的不可穷尽性，实现由'他人引导'向'自我引导'的转换，从而自觉地进行自我构建、自我超越"，从而树立高尚道德。

高校心理育人采用认知行为模式，主要特点是摒弃传统"灌输式"教育，为大学生树立正确三观提供了正确的认知方式与行为指导方式，使其内心具备坚定的理想信念和价值观念，且能外化为正确的德行，从而促进大学生道德水平的提升。站在新时代人才培养的目标上，就是将"勤学、修德、明辨、笃实"的价值观念内化于心，外化于行。

（三）促进大学生素质提高和全面发展

心理素质是全面素质的基础，也是素质教育的核心，更是促进人全面发展的内生动力，对思想道德、科学文化、身体健康等素质产生重要的制约作用。但是，由于社会需求，部分学者和家长更加关注身体素质、文化素质等方面的教育，而忽视心理素质教育，从而影响了其他素质的发展和提高。

心理素质教育既是目的，又是手段。就其目的而言，保持心理健康，促进心理素质的提高，就是进行心理育人的目的；就其手段而言，心理育人是人实现全面发展和素质提高过程中不可或缺的教育手段。高校应摆正心理育人在学校教育、人的全面发展中的位置，更好地明确心理育人的定位，实现素质教育各个要素协同推进，从而促进大学生的全面发展。

二、高校心理育人的特征

（一）高校心理育人的基本特征

1. 尊重学生的主体性

心理育人是一个从"他助"到"自助"的过程，要实现最终的"自助"，不仅依赖教师的合理引导，而且依赖学生主体性的发挥。高校心理育人尊重学生的主体地位，以学生为主，根据学生的身心发展规律和成长特点，合理安排教学内容，注重调动学生的心理因素和思想因素，促进学生内在观念的变化，引发学生的积极思考；围绕学生的心理需要开展实践教学活动，激发学生参与活动的积极性，为学生主体意识的发展创造基础，引导学生从实践中获得体验和感悟，推进学生心理素质和道德素质的协调发展；鼓励学生进行自我调节，发现自己的内在困惑，反思自我，以道德规范为标准和原则，积极调整自身的心态与行为，进一步完善自身的发展。

2. 强化学生的体验性

强化学生的体验性是高校心理育人的基本特征。体验是一种现实地改变心理情境，积极地改造心理世界的特殊工作，是有结果的内部过程。心理育人的效果不仅在于大学生对心理健康知识的接受和掌握程度，而且在于大学生能否收获深刻的心理情感体验以及体验的程度。体验具有情感性，真切的体验能激发和培育大学生积极的心理情感和道德情感，提高大学生对心理健康教育的接受效果。

心理育人以体验式教学为主，通过开展活动，创设具体情境，帮助大学生在接受教育的过程中获得丰富的情感体验，深化大学生的道德认知，使大学生的心理和思想得以发展。个体心理品质的形成是"知、情、意、行"四个因素共同作用的结果，心理育人通过"行"发挥了"情"的作用，让大学生在教育中体验内在的心理感受，这种对内心的自我体验不仅是学习心理知识的一种方式，更是将知识内化构建个体心理品质的基础。

3. 关注学生的成长性

高校心理育人注重学生完整而有个性地成长。在具体的工作中，高校心理育人重视开发大学生的心理潜能，促进大学生在心理认知、心理品质和自我意识等方面的发展和成长，进一步提高大学生的心理修养和道德品质。高校心理育人为大学生心理素质的发展创设良好条件，提供多元发展平台，让大学生有充分的机会认识自身的潜能并加以开发，在实践中培育大学生的良好心理品质和道德素质，强化大学生的自我意识，促使大学生形成不断进取的良好人格，提高大学生的思想道德品质；利用心理内化机制，开展心理健康教育，使大学生在内化的过程中不断生成良好的心理素养和道德素养，从而实现大学生的持续成长。

（二）高校心理育人的时代特征

1. 心理育人的德育定位

马克思主义关于人的全面发展理论是马克思理论体系的重要组成部分，它强调了全体社会成员的智力和体力在社会生产的过程中多方面、充分自由地协调发展。人的全面发展的实质，就是"人以一种全面的方式，也就是说，作为一个完整的人，占有自己全面的本质"，包括人的各项能力的提高、自由个性的发挥、综合素质的全面发展等内容。实施心理育人，就是全面贯彻党的教育方针，立足人和社会的全面发展，以提高大学生素质为根本宗旨，以培养学生的创新精神和实践能力为重点，造就有理想、有道德、有文化、有纪律的德智体美劳全方面发展的社会主义建设者和接班人。德育作为实施素质教育的灵魂和核心，在大学生综合素质教育的培养中起到了主导作用。在人的素质结构中，德育也是最重要的素质，它不仅指道德品质，而且包括健康的心理素质、积极的心态和适应社会能力，还包括正确的世界观、人生观。

2. 心理育人的多向维度

在新时代，高校心理育人的内涵更加丰富，建立一体化的心理育人工作格局，也具有了多元的时代特征。

一是讲求育人温度。习近平总书记在全国高校思想政治工作会议上指出："要坚持不懈促进高校和谐稳定，培育理性平和的健康心态，加强人文关怀和心理疏导，把高校建设成为安定团结的模范之地。"在关心呵护、暖心互助、彼此信赖的良好氛围中开展教育引导，是我国高校心理育人工作的重要特色，也是全员育人、全程育人、全方位育人的重要优势，其内含的人文关怀精神和对人尊重、信任、理解、共情的态度是做好一切工作的基础。

二是要求精度。大学生产生心理问题的原因是多方面的，不仅与个体内在的认知信念、意志品质、情感态度、价值观念有关，也与外部的家庭矛盾、学习压力、生活矛盾、人际冲突、就业压力等有关。教育者要精确定位大学生的心理问题因素，根据不同个体的心理发展特点采取行之有效的解决方法和途径。

三是追求高度。习近平总书记在2016年全国卫生与健康大会上强调，要加大心理问题的基础性研究，做好心理健康知识和心理疾病科普工作，规范发展心理治疗、心理咨询等心理健康服务。加强大学生的心理教育，已经得到社会的广泛认同，成了世界各国的共识，顺应了时代发展的要求，也顺应了大学生自我成长的需求。高校心理育人一体化的目的是提高大学生适应学校学习和社会生活的能力，健康的心理状态能使大学生富有成效地学习，积极应对生活中的问题，能够提高新一代知识分子的整体素质。

3. 心理育人的整合模型

近年来，心理育人已经得到了高校的高度重视，并且教育部制定了相应的规划和发展纲要，为高校心理育人一体化的发展提供了制度和专业性的保障。为了推进心理育人工作,需要构建宏观、中观、微观各个层面一体化的心理育人工作体系,促进心理育人与其他育人环节的结合以形成协同育人格局,实现心理育人视野下心理健康教育理念、内容、队伍、方法、途径等方面的全面优化。

高校心理育人工作不能仅仅依靠某一个主体或单位来实施,学生的发展需要依靠政府、社会、学校、家庭、学生自我等多方面的力量而建成一个教育综合网,尤其是学校、家庭、社会和政府这四大支持主体需要调动一切有利于心理育人的因素同心协力、互助合作、动态协调,保证育人目标的一致性、力量的互补性、时空的统一性,形成"1+1>2"的合力。构建一体化的整合模型能够使得高校心理育人工作取得事半功倍的效果。

三、高校心理育人的理念

(一)坚持育心与育德相统一

2018年7月,中共教育部党组印发了《高等学校学生心理健康教育指导纲要》(以下简称《纲要》),指出要坚持育心与育德相统一,促进大学生心理健康素质与思想道德素质、科学文化素质协调发展。立德树人视域下的心理育人是育心与育德的有机结合。要充分挖掘心理育人的德育因素,整合心理育人的德育功能,以育心促育德,将马克思主义的科学世界观与社会主义核心价值观融入大学生的认知结构,使他们提高思想政治素质和道德实践能力,成为德智体美劳全面发展的人才。

(二)坚持培育时代新人的价值导向

大学生个体的心理健康是立德树人的前提条件,心理育人的质量对立德树人的成效具有直接影响。立德树人对心理育人实践具有重要的导向作用,是心理育人的价值基础。高校的心理育人工作要坚持培育时代新人的价值导向,在把握大学生心理发展规律的基础上,将心理学的理论与工作方法运用于高校育人实践,加强对大学生的心理建设和人文熏陶,帮助大学生解决心理困惑,促进大学生心理健康发展。

(三)坚持以大学生需求为导向开展育人实践

《纲要》指出,要创新心理健康教育教学手段,有效改进教学方法,通过多种形式,激发大学生学习兴趣,提高课堂教学效果。新时代高校心理育人工作要与时俱进，根据大学生的学习需要有针对性地开展育人实践。学习需要是促使个体学习的根本动力，对激发个体的学习动机、维持个体的学习状态、取得良好的学习效果具有重要作用。高校应该从大学生个体的实际心理需求和学习需要出发，注重对大学生的知、情、意、行进行引导和干预，促进大学生的全面发展。

第三节 高校心理育人成效与存在的问题

一、影响高校心理育人质量提升的因素

分析心理健康教育工作开展的过程、实效是研究当前高校心理育人现状的必要环节。其中，高校对心理育人的重视程度、高校心理育人工作的开展情况是制约高校心理育人质量提升的关键因素。

（一）高校对心理育人的重视程度

随着社会的发展和时代的进步，人们在学习和生活中面临的挑战愈加复杂，心理素质在个体的成功之路上起到越来越重要的作用。现代心理学研究认为，非智力因素对个体的影响甚至超过智力因素，它激励并制约智力因素的发展和发挥。非智力因素对大学生智力发展的影响已成为现代心理学的重要命题。高校逐渐意识到心理素质在人才培养中的关键作用，只拥有专业知识和技能没有强大的心理素质，是难以适应当今复杂多变的社会环境的。在素质教育的大背景下，心理健康教育作为一门科学，凭借着多学科的理论背景、渐趋完善的课程体系、不断强大的师资团队和日益完善的危机防御体系，在解决学生一般性心理问题、心理危机问题、心理发展问题上发挥着不可替代的作用。

高等教育一直以来强调"以人为本、德育为先"的教育教学理念，心理育人作为德育工作的重要组成部分，受到了全国各高校的高度重视。大部分高校一致认为对大学生开展心理健康教育是十分必要的，而且大部分高校都有独立的心理健康教育教学体系，配备了专兼结合的心理健康教育教师队伍，并定期开展心理健康教育实践活动。同时，也有少部分教师和学生反映，高校的心理健康教育工作形式化严重、注重面子工程，部分心理育人工作者态度不端正、责任感不强、育人意识淡薄，具体工作的开展敷衍了事。总的来说，高校心理育人工作的开展取得了长足的进步，得到了应有的重视，但仍有进步空间。

（二）高校心理育人工作的开展情况

高校给予心理健康教育足够的重视，是心理健康教育重要性得到认可的重要标志。高校心理育人工作现状究竟如何，是值得探讨的。

1. 理念更加科学，但育人意识淡薄

20 世纪 80 年代初期，随着社会对人们精神健康的关注，高校心理健康教育应运而生。处在萌芽时期的心理育人工作，注重大学生的心理保健，维护大学生的心理健康是其最重要的使命之一，医学色彩十分浓厚。20 世纪 90 年代以来，在素质教育的影响下，心理素质在大学生全面发展过程中的重要作用逐渐凸显，心理育人工作开始以优化大学生的心理素质为导向。近些年来，心理健康教育和思想政治教育的关系被逐渐厘清，心理健康教育的德育属性逐渐明晰，心理育人工作在优化大学生心理素质的同时，开始强调大学生综合素质的全面发展。高校心理健康教育理念，从最初的防病治病，到后来的优化心理品质，再到现在强调大学生综合素质的全面提高，是具有里程碑意义的重大进步。

心理育人是在加强德育工作的大背景下提出的，德育的重要任务就是立德树人，培育能够担当民族复兴大任、综合素质全面发展的社会主义建设者和接班人。高校心理健康教育在理念上服从、服务于德育的总体目标，但在具体实践中对"心理健康教育"和"立德树人"的关系仍然存在模糊认识，往往停留在提高心理素质、优化心理品质的"育心"层面，对于如何实现"育人"的研究远远不够，育人意识有待加强。除此之外，高校心理健康教育非常注重个人发展层面，而对于"培养符合社会发展、民族存续的社会主义建设者和接班人"的社会发展层面关注不够，其社会属性没有得到充分重视。

2. 载体更加多样，但完善度不高

传统的心理育人工作以心理咨询、大学生心理健康教育公开课、第二课堂为主要载体，向大学生传授心理健康教育的相关知识。随着网络的普及和微时代的到来，大学生获取信息的渠道逐渐向以微信、微博等自媒体平台为代表的网络新媒体转移。同时，各个高校创建了大学生心理健康教育中心官方网站、微信公众号、心理咨询预约 App、在线心理微课等网络平台，加速了心理健康相关知识的传播与扩散。部分高校还开通了网络心理咨询和心理咨询热线，极大地丰富了心理育人载体。

第二章　高校心理健康教育与心理育人现状

心理育人课程不同于其他课程，集理论知识教学、体验活动、行为训练为一体，是心理健康教育的主渠道。高校一直以来十分重视心理育人工作的课程建设，并且投入了大量的人力和物力编写教材、培育师资，但并没有达到理想效果。一些学生反映心理育人课程内容枯燥、脱离现实生活、与实际需求不符，仅停留在高深的心理学理论层面，难以被消化和利用。网络平台的开发和利用也存在各种各样的问题，比如，网络心理测试的滥用误用；缺乏专业人员负责网络平台的开发和维护；文章质量欠佳，阅读量不高，难以引起学生共鸣等。尽管当前心理健康教育载体丰富多样，但是载体之间缺乏联动性，每个方面又都需要进一步提高和完善，才能有效地发挥育人功能。

3. 方法更加灵活，但缺乏价值引导

心理育人是一项专业性强、技术要求高、比较有针对性的工作，有着自己独特的伦理和规范。相对于传统的把大学生当作知识容器的"填鸭式"教学模式，心理育人更加重视大学生的体验和感受，强调大学生主观能动性的发挥，引导大学生自觉主动地接受。心理育人有自己独特且操作性强的育人方法，以心理咨询中的倾听技术为例，要求倾听者全身心地投入，并使用一系列的技巧，比如澄清、重复、释义等，帮助来访者正确认识自己。倾听不仅是一种咨询技巧，更是对学生的尊重和接纳，是建立良好咨询关系的关键。心理育人工作者除了擅长倾听外，通常也会思学生所思、想学生所想，站在学生的立场去理解和分析问题，从而和学生产生共情，在理解和尊重学生的基础上进一步教育和感化学生。

当前，高校心理育人工作往往只停留在对大学生心理问题的疏通解决层面，缺乏价值观的介入以及心理调节方法的传授。大学生的"各种问题"是永远解决不完的，而且问题产生的根源是复杂的，有的是心理问题，还有一部分是思想问题。如果心理育人工作者缺乏清晰的育人意识，甚至缺乏对主流意识形态的认同，仅仅满足于心理问题的"疏通"而不加以"引导"，那么问题的解决一定是暂时的、低层次的，而且很容易在"价值中立""价值无涉"中引致"价值混乱"，与心理育人的总目标背道而驰。

4. 管理更加规范，但评估监督机制不够健全

做好高校心理育人工作，不仅有利于营造安宁和谐、健康舒适的校园环境，而且对大学生心理素质的提高和人格的完善发挥着至关重要的作用，被纳入了学校教育的整体规划。心理健康教育工作由学工部统一领导，下设心理健康教育中心，在每个学院又分别设立心理辅导站，形成了自上而下的运营管理体系，解决

了心理健康教育开展之初隶属不清的问题。不仅如此，其运营管理的制度化和规范化程度不断提高，无论是课程的开设、教师的培训，还是活动的策划、经费的收支，都有相关部门统筹部署、统一规划。然而，当前管理模式仍然存在很多短板，影响并制约着心理育人工作的实效。由于缺乏有效的监督和绩效考核机制，部分高校的心理育人工作存在"讲起来重要，干起来次要，忙起来不要"的现象。因此，高校心理育人工作要尽快制定科学合理的绩效考核标准，加强监督，建立学生信息反馈机制，第一时间发现问题、解决问题，保障心理育人工作的有效开展。

二、高校心理育人取得的成效

目前，高校办学数量和学生人数逐年递增，已经在我国教育体系中占有较大比重。高校培养的技术技能型人才是推动经济社会发展的重要力量。随着当前教育改革的深入发展，高校以立德树人为目标，以学生成长成才需求为目标导向，肩负着培养高素质劳动者和技能型人才的重要使命。

可见，高校越来越成为人才培养的重要输出地。在新形势下，为实现每个人的自由和全面发展，高校积极转变心理育人理念，对心理育人的重视程度和建设的规范性逐渐增强，心理育人取得了一定成效。

（一）积极转变心理育人理念

新时代高校积极转变心理育人理念，突出思想价值的引领作用，培养大学生积极健康心理品质及健全人格，全方位促进大学生的心理健康发展。大学生心理健康素质的提高不仅仅关系到大学生个体的心理健康水平，还直接关系到人才培养质量和水平。心理育人首先应该解决的是"培养什么人，怎样培养人，为谁培养人"这一根本问题。高校人才培养目标是培养高素质技术技能型人才，在心理育人理念上积极转变思维，紧跟时代要求，不仅要重视德育素质、科学文化素质、专业素质、身体素质的培养，还要注重大学生良好心理素质的培养。心理育人理念的发展从最初的"心理咨询解决学生的心理问题"到"心理健康教育成为德育的重要组成部分"再到"心理育人成为思想政治工作十大育人体系之一"。

心理育人不再单纯是心理健康教育教师的事情，工作对象也不仅仅是少数人，心理育人的工作对象和工作内容的范围都在逐渐扩大。早期心理健康教育的目标是预防和干预心理疾病，大部分高校心理健康教育的工作对象是心理健康情况呈红橙色预警的学生，对其进行发现、识别和处理，不重视学生发展性问题的心理咨询，一旦发现有异常的学生，倾向于安排学生到医院或精神卫生中心进行诊断治疗，或让学生进行休学等简单处理，对如何帮助大学生改善心理健康水平关心不够。新时代心理育人理念以提高人才培养质量为目标，着力促进大学生德智体美劳全面发展。

（二）高度重视心理育人工作

近年来，随着一系列相关文件的颁布，高校对大学生心理健康教育的重视程度日益提高。然而，各学校之间发展差异性较大，心理育人工作存在发展不平衡的现象。新时代高校越来越认识到加快构建心理育人工作质量体系的重要性，全面推进心理育人工作。高校应从加强组织领导入手，形成党委统一领导、学校心理中心统筹协调、相关行政部门各司其职、各方广泛参与的工作机制，提高心理育人在大学生思想政治教育中的重要地位，将大学生心理健康教育和咨询工作纳入构建校园安全稳定以及大学生思想政治教育工作的重要内容。领导是否重视对心理育人工作的开展具有重大影响，尤其是牵涉各个部门的协调联动配合育人等方面。高校应构建高水平、高质量的心理育人人才培养体系，将心理育人落到工作实处，为大学生的学习生活提供良好保障，建立健全高校心理健康教育各项规章制度，并结合实际，制订细化实施方案，明确责任分工，多措并举助力心理育人工作规范化开展。

三、高校心理育人存在的问题

高校心理育人工作取得了长足的进步与发展，但在实际工作中仍然存在不少问题。分析当前制约高校心理育人质量提升的主要问题，是进一步优化和完善高校心理育人工作的前提，是高校心理育人质量提升的关键。

（一）心理健康教育和德育的契合点把握不准确

1. 在两者关系上没有达成共识

心理健康教育和德育的关系问题，一直是学术界的热点话题，虽然教育部相关政策文件已经明确把心理健康教育纳入德育体系，但是不同学科背景的研究者对此问题依旧争论不休。

有的学者认为，心理健康教育和德育泾渭分明，互不相关。二者在理论基础、目标理念、方法途径、作用机制上有明显的差异，并且分属不同学科，不能混为一谈，应该保持各自的独立性。持这种观点的学者，对心理健康教育和德育的内涵和外延把握不准，并把人们的心理和思想割裂开来，视为风马牛不相及，是错误的。有的学者认为，心理健康教育和德育是隶属关系。心理健康教育是德育继思想教育、道德教育、政治教育、法律教育之后的又一个子系统，是提高德育实效性和科学性的重要内容之一，对德育工作起到了辅助作用。这种观点把心理健康教育纳入了德育范畴，视其为德育的重要组成部分，这是目前国家和教育部普遍倡导的，并把这一关系以政府文件的形式规定下来。还有的学者认为心理健康教育与德育是互存互补、相互交叉的关系，双方在融合中共同发展。马建青教授认为，心理健康教育和德育，既有区别又有联系，可以互相借鉴，同时又要保持各自学科的独立性。

2. 两者在融合中出现的问题

（1）心理健康教育"思政化"

我国高校的心理健康教育是伴随着德育工作发展起来的，在和德育的融合中，表现出明显的"思政化"倾向。

首先，在队伍建设上，我国心理育人工作发展初期，心理咨询中心的创建者、负责人和参与者中，绝大多数是思政工作者。近年来，心理健康教育专业化进程加快，吸引了一大批纯心理学背景的专业人才，某种程度上改变了这一局面。然而，由于对专业化、职业化的机械理解，很多心理学背景的教师在探讨生活意义、处理道德冲突两难、矫正潜藏的偏见和假设等问题上，容易陷入冲突和迷茫，思政工作者仍是心理育人工作的主力军。由于思政工作的特殊性，教师们很容易把学生的各种问题简单归结为思想问题，而忽略背后潜在的心理因素。

其次，在方法途径上，大学生心理健康教育课程沿袭了传统德育一对多的单向灌输模式，缺乏针对性，更有甚者把心理健康课上成了思想品德课。这种"填鸭式"教学忽略了学生的主体地位和个体差异性。

再次，在评价考核机制中，心理育人套用了思政工作的惩罚奖励机制，通常以学生的成绩为衡量标准，导致部分心理育人教师功利心过重，注重面子工程，从而忽略了育人的实质。高校心理健康教育的任务是促进大学生心理素质的提高和心理品质的优化，而这些因素是很难用数据来量化的，更不能简单地以学生的成绩作为考核的标准。

最后，在教育理念上，心理健康教育的政治色彩加重。心理健康教育主要侧重于学生个体良好心理素质的培养和个性的发展，政治导向和阶级性不突出。而德育对学生施教，除了促进学生的发展之外，更侧重于按现行的社会要求规范个体的社会行为，将其培养成为符合社会需要的人，具有明显的阶级意识和社会导向性。

近些年来，很多学者对心理健康教育的德育属性产生了片面理解，过分强调大学生心理健康教育对校园管理的意义、对社会稳定和谐的意义，注重意识形态教育，政治色彩比较浓厚。尽管心理健康是形成正确价值取向的必要条件，但不是充分条件，因此，心理健康教育对提升大学生的政治觉悟和思想认识的作用始终是有限的。

（2）心理健康教育和德育"相互同化"

"同化"指不同的事物在交互中逐渐失去自身特色，变得相近或相同。心理健康教育工作和德育工作尽管分属不同的学科，但是在育人内容、方法、理念、载体等各个方面又存在部分交叉，在把握两者契合点的同时又要保持各自的独立性，对广大教育者而言是一件极具挑战性的工作。在实际工作开展中，存在心理健康教育和德育的内容和方法雷同和互相模仿的现象。比如，在德育谈心谈话模式中，辅导员对学生的倾听、共情、积极关注等方法，大多是对心理咨询关系模式的借鉴；在心理健康教育工作中，教师对学生进行价值评价、干预和引导，则是对德育内容的吸收和引进；心理咨询的团体辅导和德育的小组座谈会，心理健康教育的认知疗法和德育的说服教育法，均存在部分雷同。两者在融合的过程中，很多原本固有的原则被逐渐弱化，最具有代表性的是心理咨询价值中立原则被价值导向性所取代，保密性原则在某种程度上也被削弱。尽管心理健康教育和德育在融合中吸取对方的精华为我所用，但在这个过程中表现出了相互同化的现象，学科界限原本就不明晰，现在则更加模糊。

（二）心理育人主体队伍建设不完善

当前，部分高校的心理育人工作还存在主体队伍建设不完善的问题。

一是由于绝大多数高校心理育人工作起步比较晚，明显缺乏足够的经验，主体队伍还有较大缺口，这就造成部分高校只设立了基本的心理咨询机构，提升学生心理素质的工作停留在肤浅层面，缺乏足够的专业性。同时，高校负责心理咨询服务的教师往往都是单纯的心理学专业出身，在学生遇到道德冲突时，他们难以帮助其处理这类问题。

二是部分辅导员难以在心理育人工作中充分发挥作用。因为辅导员作为高校一线教职工，工作琐碎繁杂，不仅要做好大学生的日常管理工作，而且要指导大学生落实职业生涯规划、帮助其顺利走上工作岗位，这使得辅导员难以将更多的时间和精力投入心理育人工作。

(三)"三全育人"未落实到位

"三全育人"即"全员育人、全程育人、全方位育人"，是习近平总书记在全国加强和改进大学生思想政治教育工作会议上明确强调的育人新机制。"三全育人"强调协同育人机制的建构，在提升思政工作的科学性和时效性上，发挥了重要作用。心理育人作为十大育人项目之一，蕴含全员、全程、全方位的协同育人理念，但在具体实践中"三全育人"并没有得到有效落实。

1. 尚未形成齐抓共管的教育合力

目前，大部分高校把心理健康教育全部任务交给了心理健康教育中心，以及心理健康教育教师、学院辅导员，其他部门或教师则是一种"事不关己，高高挂起"的态度。

高校心理育人"全员"意识还有待加强，各个部门尚未形成齐抓共管的教育合力。高校心理育人工作大多集中在个别心理健康教育教师身上，但是高校心理健康教育教师无论在质量上还是数量上和实际需求都存在一定差距，育人力量非常有限；校园文化非常注重学风建设，以营造浓厚的学术氛围、优美舒适的学习环境为主要任务，但欠缺心理健康教育的文化氛围；学校后勤工作为大学生提供饮食服务、住宿服务、医疗服务等，注重大学生物质生活条件的保障，对大学生精神生活的服务却很欠缺；学生家长通常只关注子女的学业问题、就业问题，对子女的心理问题关注不够，没有认识到家庭在子女教育中发挥的作用；社会对大学生心理健康教育的关注度很高，但仅仅停留于关注这一层面，没有采取行动和高校联合共同促进大学生的心理健康发展。

2. 尚未形成健全的跟进联动机制

人的心理问题带有情境或场合的依存性，离开负性情境或场合，有助于心理问题的解决；而即使解决了的心理问题，由于负性情境的再度出现，也可能使心理问题"花开二度"。大学生的心理健康状态，是一个动态发展的过程。有学者在新生开学心理普查中发现，大学生心理健康状态良好，不代表在未来的大学四年中不会出现心理危机；同样，心理普查结果不太理想的学生，不代表其一定存在心理问题。大学生在成长的不同阶段，面临的客观物质世界是不同的，相应地，也会产生不同的心理状态。

第二章　高校心理健康教育与心理育人现状

目前，高校心理育人"全程"意识薄弱。"全程育人"强调以纵向的时间维度来衡量育人工作。很多高校在新生心理普查过程中，一旦发现问题学生就对其简单"贴标签"，接下来就是以咨询师和辅导员为主的系列谈话和"积极关注"；而对那些各项指标都正常的学生则"放任自流"。部分高校对于测试结果缺乏认真对待，也没有对学生进行心理建档，对大学生心理健康状态的动态监测不够。虽然当前大部分高校已经开设心理健康教育课程，但是上课时间比较集中，大多面向大一新生，大二、大三、大四几乎没有心理健康教育课程；同样，很多心理健康教育活动、讲座，均是围绕低年级学生常见的心理问题展开的。还有部分高校心理健康教育课程是以选修的形式开展的，不同年级的学生在同一间教室接受相同的心理健康教育，忽略了不同年龄段学生的不同需要，也是不科学的。育人工作者没有根据大学生的学习、生活规律和心理发展特点，精心设计和规划从低年级到高年级不同阶段的心理健康教育的重点和方法措施，对不同年级、不同专业、不同层次的学生的心理健康教育缺乏针对性。

弗洛伊德曾经说过："一个人的童年将影响到他的一生，而一个幸福的童年，必将迎来一个幸福的人生。"良好心理素质的培养要从娃娃抓起，相对于高校来说，中小学心理健康教育工作严重薄弱。事实证明，大学时代出现的心理问题，很多是中小学阶段遗留下来的。大学生的心理健康缺乏和中小学的有效连接，对高校心理育人工作的开展造成了很多不利影响。从小学到大学、从低年级到高年级，应该把心理健康教育融入学生学习、生活的各个环节，使学生每时每刻都受到潜移默化的影响，经受锻炼、提高素质、增长才干，使心理健康教育覆盖学生从入校到毕业的整个过程。心理健康教育不是一朝一夕的，不仅要对学生当前着想，更要为他们的未来负责。

3.尚未形成工作领域的全面渗透

"全方位育人"，从横向的空间维度强调育人工作的开展要渗透到学校工作的各个环节，以及学生日常学习、生活、实践的方方面面。心理育人要结合课堂教学、社团活动、社会实践、文化建设，挖掘各项工作的心育要素，有计划、有目的地对大学生进行心理健康教育。

目前，高校心理育人的"全方位"有待加强。高校心理育人工作非常注重课程育人、网络育人的作用，但在管理育人和服务育人中，心育要素的挖掘则远远不够。课程育人是心理育人工作的主渠道，教师以课堂授课的形式，向全体学生进行心理健康教育，可以起到立竿见影的效果，吸引很多学者致力于心育课程建

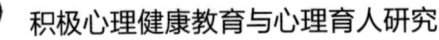

设、教材出版以及育人队伍专业化方面的研究；网络育人由于具有传播速度快、辐射面广、方便快捷等特点，高校给予了高度重视；心理咨询和团体辅导是以相对直接的方式，对大学生进行心理疏导，是高校心理育人工作的重要内容。但在学生管理、服务过程中，心理健康教育则是薄弱环节。高校心理育人工作仅依赖心理健康教育教研室推进，许多行政部门的教职工仅将自己置于机械式的工作环境中，未意识到自己作为教育环境中的一员所担负的育人职责。宿舍管理部门把大学生的人身安全问题放在第一位，是毋庸置疑的，但缺乏对他们思想精神状况的关注，学生只能感受到冰冷的宿舍纪律，难以感受到家的温馨；餐厅、图书馆、体育馆等场所，是大学生的聚集地，我们常常可以看到社会主义核心价值观的宣传标语，却几乎看不到关注大学生个人成长的精神语录，对个体心理成长的宣传远远不够。

(四) 心理育人重"矫治"，轻"发展"

1. 注重问题的解决，忽视技能的传授

"授人以鱼，不如授人以渔。""问题"是永远解决不完的，教育的最终目的是让学生能够掌握解决问题的方法和技能，实现自身的蜕变。高校心理育人工作的目标，不仅包括解决大学生在学业上或情感上的暂时心理挫折，而且包括传授其基本的维持心理健康状态和优化心理品质的技能和方法，不断开发大学生的自身潜能，尤其是心理潜能，实现大学生的自强、自立、自育。

目前，很多高校的心理育人工作都是以解决大学生各种层面的具体问题为重点。比如，开学初针对新生各种"水土不服"现象，开展以适应环境为主题的专题讲座；期末考试前对学生进行以缓解考试焦虑为目的的心理疏导；面向毕业求职的高年级学生开展就业创业论坛等。这些工作虽然取得了不错的效果，暂时解决了大学生的各种焦虑和困惑，但是"问题的解决"只是暂时的，是心理育人的基础工作而不是全部工作。在人生的长河里，学生难免会遇到更加复杂和棘手的问题，强大的心理承受能力和心理调节能力的培养才是关键。心理潜能的开发，是心理育人工作最核心的部分，却是高校实际育人工作中最薄弱的环节。很多高校的心理育人工作仅仅停留在问题层面，缺乏对大学生进行系统的心理承受能力、耐力、毅力的训练，以及感受力、领悟力、抗压力和自我认识能力的培养。

2. 注重知识的传递，忽视心理品质的塑造

根据政策要求，当前绝大部分高校都增设了大学生心理健康教育课程，且

第二章　高校心理健康教育与心理育人现状

以必修课为主，并在此基础上不断丰富教学内容，创新教学方式。心理品质的塑造是心理育人的重要内容，要求教师根据学生的身心发展特点，有计划、有目的地培养大学生积极乐观的心态和健康向上的人格。很多高校把这些目标寄希望于心理健康教育的课堂上，课程教学成了心理育人工作的主渠道。在整个教学过程中，教师通常是根据教材按部就班地进行知识的传授，机械地完成教学目标，缺乏必要的心理情景创设；部分学生参与课堂教学的动机不纯，以修读学分为目的，被动消极地完成课堂任务。学生难以理解和消化课堂上的心理学理论，更不用说利用学到的知识来武装自己，整个教学过程本末倒置。

心理育人是以提高大学生的心理素质，开发他们的心理潜能为目标的，单纯地增加知识量对促进其心理素质的提升作用不大，甚至会加重大学生的学业负担。有相当一部分高校有意识到课堂教学的局限性，但是又没有相应的措施和能力去改变这一现状。由于学界对于如何塑造大学生心理品质的研究还不够充分，没有形成系统的、可操作性的方法，再加上高校里从事心理育人工作的教师大多半路出家，缺乏系统完整的心理学知识，以至于在此遇到瓶颈。大学生心理品质的塑造是一个长期且复杂的过程，不是上几节课、听几次讲座就可以完成的，心理育人需要长期地、全方位地渗透到大学生的工作学习和生活实践中。

第三章 积极心理健康教育的理论基础

在学校对学生的心理健康教育日益重视的背景下,以积极心理健康教育为特征的心理教育形式正显示出其对学校教育的重要性。积极心理健康教育的核心是"积极",理论基础是积极心理学与社会建构论。本章分为积极心理学和社会建构论两部分。主要包括积极心理学的起源与发展、积极心理学的本质内涵、积极心理学的价值取向、积极心理学的理论特征、社会建构论的发展历程、社会建构论的基本主张、社会建构论的基本特征等内容。

第一节 积极心理学

一、积极心理学的起源与发展

积极心理学的研究缘起于20世纪末期,时任美国心理学会主席的马丁·塞利格曼认为,心理学应该具有三项重要使命:第一项使命是治疗人的心理疾患,帮助患有心理疾患的人走出痛苦,重新拥抱美好生活;第二项使命是使人生活得更加幸福,致力于提升人的幸福感;第三项使命是鉴别、培养有天赋的人,挖掘人的自身潜力,激发人潜在的优秀特质。

第二次世界大战爆发以后,残酷的战争导致人类的身心受到了巨大创伤,越来越多的人产生了心理疾患。因此,在当时的时代背景下,为了帮助人们从巨大的战争创伤中走出来,缓解战争带给人们的精神摧残,心理学界的研究焦点主要集中在已有心理疾患的人身上,通过测评和矫正,帮助他们治疗心理问题和疾患,而对于使人生活得更加幸福和鉴别、培养有天赋的人这两项使命逐渐被心理学界所忽视。第二次世界大战结束以后,人们的生活环境变得和平,生活条件变得富足,但幸福感却没有明显提升,反而越来越多的人患有心理疾患,因此,心理学界根据当时的时代背景将研究焦点逐渐转移到了心理疾患预防上。随着社会经济的不断发展，人们的精神世界得到了高度解放，追求个人幸福生活成了时代主题，心理学界也逐渐将焦点转移到人的幸福感的提升方面，不再只关注已存在心理疾患的人。

积极心理学经过不断的发展和演变，其在学术界的地位越来越受到重视，研究内容也越来越成熟，其主要研究内容如下：一是积极情绪体验，当一个人对过去表示满意和怀念，对当下感到愉悦和认可，对将来充满憧憬和期待时，就会感受到积极的情绪体验；二是积极人格特质，在同一刺激源产生非同一刺激反应之间，受刺激主体必然存在着差异化的思维模式和性格特质，这表明了导致挫折反应的是刺激主体之间的差异性，积极性人格特质能够帮助人们乐观面对挫折，勇于克服挫折；三是积极组织系统，当身处的环境能够为受刺激主体提供最佳的帮扶和支持时，受刺激主体能够获得最优的价值实现。国内外学者针对积极心理学以及积极心理学的应用等方向展开了较为丰富的学术研究。学者们眼中的积极心理学往往包含积极、乐观、美好、幸福等正面词汇，如谢尔顿等人认为，积极心理学的核心思想是积极，其研究焦点是大多数人的美德；积极心理学在某些层面上与传统临床干预相比发生了颠覆性改变，与专注于缓解心理病理的传统临床干预措施不同，积极的心理干预措施关注人类的长处和美德的发展。近年来，我国学者针对积极心理学的理论研究也越来越丰富。李金珍从多个角度论述、阐释了积极心理学，通过对其更加全面的把握，以期为我国的相关研究提供更加有价值的经验参考与理论支持。苗元江指出，目前心理学的研究正处在一个转折的关键点，未来将可能颠覆性改变传统的心理学，将是一种全新的想法和行动。毫无疑问，这个关键点就是从消极心理向积极心理的伟大转变，逐渐重视对人积极心理品质的关注和研究。陈浩彬提出，积极心理学致力于开展"幸福革命"，其想要实现的目标是让所有人都能找到自己的幸福所在，从而实现自己的美好幸福人生。

积极心理学在发展的过程中，其研究取得了一定的成效，但同时也存在着一定的争议和亟待深入研究的内容。西亚罗基等人认为，积极心理学迅速发展，这是一种致力于促进最佳机能和幸福的研究与干预方法，积极的心理干预目前正在全世界范围内普及。但是，人们批评积极心理学过分强调积极状态，却没有充分考虑消极经验，鉴于此，他们描述了一种积极心理学的情境化形式，它不仅可以应对批评，而且对于如何最佳实施和评估积极教育计划也具有明确的含义，以使积极教育不会弊大于利。任俊认为，积极心理学取得成绩的同时不可避免地面临着困难和争议，主要包括三个方面的内容：一是幸福感的概念不够明确；二是积极和消极之间复杂的关系界定问题；三是积极品质存在的突出争议。

二、积极心理学的本质内涵

1998年，塞利格曼首次发声并提出了"积极心理学"一词。严格意义上来说，《积极心理学导论》这篇文章才将"积极心理学"引入了人们的视野，也由此掀开了积极心理学的新篇章。作为心理学界刚形成不久的新生学科，积极心理学呼吁学者们致力于探索人类自身的积极特质与优良美德，追求更加健康和幸福的生活体验，达到人与自然、社会以及自身的和谐发展。回首以往的传统心理学，它主要研究人类在社会生产生活中可能存在的缺陷和短板，诊断和治疗创伤性事件带来的伤害，调节个人产生的负面情绪以及不太和谐的人际关系。然而这忽视了社会中很大一部分正常的个体，人性的积极层面也没有得到足够的重视。

横空出世的积极心理学认为，应该关注社会中的所有正常个体，填充了对于主流群体研究的空白，为心理学科学研究开辟了新的研究方向。而且相比于传统心理学侧重于解决个体产生的各种心理问题与心理疾病，积极心理学注重的是如何最大限度地发掘和利用人的潜藏能力与优良品质，促使个体朝着更加幸福快乐的方向发展。因此，传统心理学与积极心理学恰似一枚硬币的正反两面，二者之间并不是相互抗衡的关系，而是一种互为补充、平衡发展的关系。综上所述，积极心理学的使命就是将心理学带回科学健康的研究正轨。

作为心理学界一块还未被完全探索的研究领域，积极心理学正处于一个发展上升时期，关于它的概念也在不断革新与变化。谢尔顿和劳拉·金使用相对尖端和精确的心理学实验设备和测量方法，探究人的潜力、长处以及其他积极心理特质。里奇提出积极心理学是关于普通人的优点和美德的学科，旨在发现人类身上那些有效的、正确的、改善的本质，认为积极心理学就是心理学。契克森米哈赖提出积极心理学旨在探索人类如何发挥出最佳功能。

在理论层面，积极心理学提醒人们注意经验与功能可能存在某些积极意义，要设法将对这两者的积极方面与消极方面的理解相结合，从而能够解决在应用中产生的一些失衡问题；在实践层面，它是教给人们如何才能获得令人满意的结果的知识体系。我国学者邵迎生认为，积极心理学是一场力图重新掀起心理学界重视"好品格"的运动，其中"美德"作为"好品格"的组成部分，它可以通过建构"品格强项"去实现。张倩和郑涌认为，积极心理学主要是对人类最理想的功能的科学研究，试图寻找能促使个人、群体以及社会健康发展的积极因素，并利用这些因素改善人类健康、增强幸福感，促进社会和谐发展。

综上所述，积极心理学是一门研究全人类如何更加幸福健康的科学，它采取积极的方式对个体的心理现象做出新的解读，通过激发个体内心深处潜藏的力量和美好品德，并且利用这些潜藏的力量和美好品德促使全人类获得更加幸福和健康的生活。

三、积极心理学的价值取向

对积极心理学而言，它的关注点主要集中在对人类优秀品质的研究上，其研究对象主要是人的美德和发展潜能，研究目的主要是培养人积极的个性特征、优秀的创新能力、正确的价值观念和良好的身心状态。积极心理学的价值取向并不是问题本身，而是在面对问题时的积极回应和主动解释，其中问题本身仅仅是为人类的内在潜力和优秀品质提供了展示的平台。积极心理学更加强调人类在面对问题时，通过积极的思想和有效的行为来塑造自身的优秀品质，充分发掘自身的内在潜能，从而达到帮助他人实现幸福的根本目的。

四、积极心理学的理论特征

（一）对消极心理学的批判与继承

消极心理学把普通人作为标准常模，关注人的消极层面，致力于将有心理问题的人成功治愈恢复成正常人，侧重于对心理问题的治疗。因此，消极心理学就人的消极层面进行研究，收获了显著的成绩，却也造成了现代心理学科学的匮乏。实际上，心理正常的人并不完全是健康快乐的。所以，研究心理问题无法从根本上把幸福带给大众。心理学应对人的积极方面予以重视，为人的幸福生活创造一切有利条件。

积极心理学把自我决定论作为起点，提出人是决定的主体，其天生具备心理发展和成长的能力，同时，夹带着能力、自主、关系等方面的心理需要。塞利格曼表示，力量、美德等积极品质不光在经验中存在，而且具有内在因素，为正性的培植和创建事先空出空间。心理学家佩塞施基安表示，人最基本的能力就是爱和认识，它们以心理素质的方式存在。正是因为有了爱和认识的存在，个体的发展才充满未知。

（二）从消极面到积极面的跨越

消极心理学在研究工作中针对病态的人，对人的客观外显行为和无意识领域进行探索。人的消极面体现为压抑、焦虑、本能、刺激、冲突。在心理学研究中，心理学书籍对战争、父母早丧、疾病、离婚、歧视、贫穷等社会阴暗面予以呈现。

迪纳和迈尔斯于20世纪90年代通过统计工作得出，和积极心理研究的论文相比，消极心理研究的论文篇幅要多出许多。从数量来看，其比例为1∶17。心理学的知识体系之所以一直得不到完善，主要是因为其把重心盲目放在消极心理研究上。一时间，只要提及消极心理学，大众便会明白是现代心理学领域研究，就自身积极品质和积极面的了解，知之甚少。于是，积极心理学的出现弥补了心理学发展过程中的弊端，成功把群众眼球吸引到了积极、正面的品质上，从之前聚焦人的压抑和焦虑等消极倾向的生物属性转移到人的幸福、爱与乐观等正面的高级情感上，开始对人的内在主观体验展开探索。

（三）向积极预防思想的转变

消极心理学把心理异常的群体作为研究对象，其研究范畴具有局限性。在心理问题的认知上，第一定义为心理疾病，第二把显露较轻的症状看作对本能与过去心理创伤的压抑。在干预方式上，心理治疗的任务就是由医生通过精神分析寻找导致心理疾病的根源，对患者进行治疗，使其回归正常状态。患者和心理治疗师呈现出一种被控制和控制的关联性，治疗师作为心理领域专业的从业者，其掌握主动权，而患者只能被动接受治疗。而积极心理学重视个人的心理预防，提倡主动权回归个体，试图调动个体身上存在的各种能力和潜能，并采取积极干预行为，以此维护家庭、个人和社会三者的和谐共处。

积极心理学的这种积极转向与负面界定心理健康的行为完全背道而驰，它以积极视角为起点对心理健康进行了界定，也明确了治疗者在其中的主导地位，强调治疗过程中个体内心能量所发挥的效用性。积极心理治疗比起传统心理学更加注重个体对心理问题的预防思想，使其将自身的积极潜能视为一种解决心理问题的方法。积极心理学的提出使心理学研究领域的空白被填满，且推动研究成果在生活中全面渗透，为个体的发展和社会的进步做出了重要贡献。

五、积极心理学所做的贡献

从主观层面来看，积极心理学关注人类的积极主观体验，主要研究在过去生活中体验到的幸福感与成就感、现在生活带来的快乐感与参与感以及对未来所抱有的希望与乐观精神；对个人成长而言，它关注人类的个人特质，主要探讨爱的能力、工作能力、勇气、对美的感受力、毅力等积极品质；在群体层次上，积极的心理素质是指一个人的社交性，具体指个人在社会、职场以及家庭中扮演的角色。我国学者任俊在其博士论文中对积极心理学产生的渊源、主要的观点、贡献等方面做了详细深入的分析。他总结的积极心理学的主要贡献包括以下三方面。

首先，积极心理学猛烈抨击消极心理学过分聚焦研究心理问题的病态模式，认为心理学应该重视如何去实现个体价值。受第二次世界大战的影响，消极心理学将过多的注意力放在了人性心理的消极层面，主要去探讨外界的一些挫折事件可能会导致个体产生的不良反应以及相应的解决策略。心理学家感兴趣的不是个人或整个社会，而是存在于个人身上或社会中的问题。人类不再是心理学家关注的主体，而变成了只会对外界强化刺激做出反应的物体。心理学家的任务是发现并纠正个体或社会中存在的问题或错误。消极心理学将人与问题割裂开来，只看到问题，看不到问题背后的人，违背了以人为本的基本原则。长期处于这种消极氛围下，人类容易趋向两个极端：就像"温水煮青蛙"，人变得麻木不仁，墨守成规，逐渐失去了创造创新的美好品质；或者，这种消极氛围使人过分关注自身，放大问题，导致了自身的不安全感。消极心理学侧重并夸大单一的矫正功能，只看到陷入困境的人，忽略了那些可以进一步提升的个体。在对第二次世界大战后的消极心理学进行反思与总结后，积极心理学秉承"追求幸福是人的天性"这一信条，始终以人为本，提倡积极的人性论。它发掘人类的潜能，培养美好的品质，追求更和谐幸福的生活。

其次，积极心理学强调每一个独立的个体都值得被以一种更加开放和欣赏的态度看待，应该着力研究人内在潜藏的积极力量与优秀品质。心理学的任务不应该局限于矫正人类心理或行为上的问题，还要关注全人类如何更加幸福健康地生活。要将工作重心放在发掘和培养人固有的优点和长处上，努力帮助每个普通个体达到最佳状态。关于什么是积极力量，理论上来说，真正的积极力量应该是对个体自己和他人都有利的，这就要求人们去寻找一个主观标准与客观标准之间的平衡点。积极力量不是绝对静止的人格特质，在作为动态的心理过程时，可以根据所面临的环境随时做出合理的反应。

简而言之，积极力量是一种个体为了某种美好的结果而灵活地自我调节的能力。人类的某些积极力量（潜力）已经内化成了个体一种自动化的机制，不需要刻意去启动，在需要的时刻就能为己所用。迪纳等人通过研究发现，人类维持或恢复诸如幸福之类的积极经验的能力已经显示出了生存能力的优势，也就是说具有了与人类本能相似的特征。这说明人类的积极力量也有一个进化过程，逐渐演变成为一种"积极机制模式"。

最后，积极心理学打破以往的陈旧观念，对人与社会发展产生的问题做出积极的解读，帮助人们从中获取积极的意义。虽然人们无法改变外界的环境以及事件发展的规律，但能改变自己的认知和心态。积极心理学提出要从两方面去探索问题可能存在的积极意义。一是从多个角度和多个层次分析问题的根本原因。这里需要强调的是，重要的不是原因本身，而是人们如何看待它，如何对其进行归因。如果将事件发生的原因归结于可控的、暂时的、外部的，人们就会采取积极的态度直面挫折与困难，反之亦然，人们将会具有消极的态度，并可能丧失信心，一蹶不振。二是从问题本身去获得积极的体验。一个事件不能劈成两半去看，它有消极的一面，必然也存在积极的一面。积极与消极二者既相互独立，又相互依存。积极与消极的形成不受对方的影响，有其本身的机制和特点。但它们又像是矛盾的两个方面，离开任何一方，另一方也就不复存在。因此，从哲学层面看，积极一面和消极一面处于一定条件下就可以完成转化。积极心理学的任务就是呼吁人们主动寻找积极与消极之间可能存在的内在关联，从而努力创造条件完成两者之间的转化。

第二节　社会建构论

一、社会建构论的发展历程

社会建构论的发展历程是坎坷又幸运的。之所以说它的发展历程是坎坷的，是因为这颗种子最初是在干旱的土地上孕育起来的，之所以说是干旱的土地，是因为那个时期心理学的发展遭遇了危机。在科学实证主义的引领之下，大部分心理学家把目光指向个体的内部，寻求社会行为的内部动机，忽略了外部文化因素的探讨，即使社会心理学也没能幸免。社会心理学研究的是社会群体的心理现象，更加不能脱离社会文化因素，因而这场危机在社会心理学领域表现得最为激烈。之所以说社会建构论的发展历程是幸运的，是因为在这场危机之后，自然而然就要应运而生一种新的理论来解决危机，而社会建构论这颗种子得以有了发芽生长的机会。

当然，心理学科之外的一些外部事件也成了很好的雨水和肥料，滋养和孕育着社会建构论的发展，这些外部事件包括逻辑实证主义作为一种科学哲学的衰败、费耶阿本德的《反对方法》否定了经验实证方法的特权地位、库恩的《科学革命的结构》揭示了主观和非理性因素在科学发展中的作用等。1985年，美国心理学家格根发表了被称为20世纪心理学里程碑的《现代心理学中的社会建构论运动》一文，这篇文章向主流心理学界介绍了社会建构论，并且建议以社会建构论取代实证主义而作为心理学知识的元理论。此篇文章标志着西方心理学中社会建构论的正式形成。

二、社会建构论的基本主张

在对现代心理学进行批判的基础之上，社会建构论的主张慢慢提炼与显露出来，所以它是反科学主义、反基础主义、反本质主义和反个人主义的。在对现代心理学的观点进行解构的同时，社会建构论又重建了自己的主张。

（一）知识是社会的建构

现代心理学认为，知识和真理是存在一个客观实体的，我们要做的是不断发现知识和真理。社会建构论认为，这种看法是非常荒谬的，知识和真理并不是坐在那里等着我们去发现它，我们要做的是创造和发明知识。社会建构论否认经验主义的这样一种信念，即理论与实践有着一致关系。我们没有办法把所谓"真实世界"的事件放在这一边，而把对它们的表征放在另一边，然后观察两者怎样匹配。我们从教材里学到的东西，有一部分是从前人那里继承来的，还有一部分是学者和专家根据当下的社会文化和情况加进去的。也就是说，社会文化在变化，我们学到的知识也是变化和发展的，所以说知识是由我们所处的社会建构来的。

（二）语言是社会的建构

我们以前一直认为甚至仍在认为语言是一门中性的工具，它的作用仅仅是帮助我们传递信息。我们似乎很少考虑这样的问题：在由语言构成的话语中，我们为什么使用这个词语而不用另一个呢？为什么同一个词语在不同的地区代表的意思可以不一样呢？其实，我们只要仔细思考，就会发现语言并不是中性的，我们在使用它的同时已经利用社会文化对它施加色彩了。并且随着时代的发展，总会产生一批又一批的"新鲜词汇"，这些词汇就是时代的建构和产物。我们交流中所使用的语言带有社会文化的印记,甚至不同社会文化背景下的语言可能具有不同的含义。因此,语言具有生成性和建构性,而不是反映性。

(三) 心理是社会的建构

现代心理学认为,人格、态度、情绪、认知等是内在的实在,通过研究这些内在的实在来研究人的心理。但是,社会建构论站在反基础主义和反本质主义的角度,认为对心理现象的研究不能局限在个体的内部世界,而要着眼于个体与个体之间的关系网络,所有的关系都是人际互动的结果,是社会建构的产物。所谓的实在、精神实体,只不过是一种文化历史的建构。

三、社会建构论的基本特征

在社会建构论当中,同样也充斥着各种不同的"社会建构"的观点,即使是同一个人,其观点也不是从一而终的,但这并不妨碍对该理论本身所具有的基本特征进行探寻与总结。正如于1999年出版的《剑桥哲学辞典》所言:"社会建构主义,它虽有不同形式,但一个共性的观点是,某些领域的知识是我们的社会实践和社会制度的产物,或者相关的社会群体互动和协商的结果。"概而言之,社会建构论主要具有以下几个基本特征。

(一) 知识生产的建构性

社会建构论强调知识的建构性质,主张科学知识不是对客观实在的反映,而是科学共同体内部的成员相互间谈判和妥协的结果,强调科学主体在科学活动中、科学知识形成中的突出地位。在认识论上,社会建构论认为不存在所谓的"真理",所有的理论都是一种文化历史的建构,都是由特定文化历史中处于一定关系的人们相互协商的结果,不存在一个超越历史与文化的客观真理。每一种理论、每一种观点,相对于其产生的条件和情景都是正确的。"一个科学家和一个门外汉建构出来的理论没有什么区别,区别只在于两者具有不同的效用,而不在孰真孰假",因此,真理是相对的,即相对于文化、相对于历史时期,不存在一个客观永恒的真理。

换言之,知识的建构性就是指知识的生产过程是主体积极建构的过程,事实是社会建构起来的,对科学而言,人们对科学的共识性的表达创造了它自己的客体,知识是人类活动的产物,而不需对实在负责。

从认识论上来看,知识的这种建构性具有克服传统本质主义的认识论倾向,从本质主义转向多元，强调对生活、现实的关注。但是，其中又明显具有新康德主义的"人为自然界立法"的"人类主观主义"倾向。

(二) 知识建构的社会性

社会建构论强调科学知识与社会的关系，认为包括科学知识在内的所有知识都包含某种社会维度，而且这种社会维度是永远无法消除或超越的。知识社会学家曼海姆提出，认识过程实际上并非按照内在规律和逻辑的发展，它在许多关键方面受各种各样的社会因素影响。这些社会因素不仅影响知识的形式和内容，而且决定着人们的经验与观察的范围和强度。社会建构论在此基础上进一步认为，不仅所有知识的形式和内容，而且知识的合理性和客观性以及逻辑本身都由社会因素决定。社会与知识之间存在的因果关系对所有知识的所有方面都起着作用，尽管不是唯一的作用。

第四章　积极心理健康教育的目标

积极心理健康教育的目标是优化人的心理素质，促进人的心理健康发展，为培养全面发展的人奠定良好的心理基础。积极心理健康教育的目标也是使人从心理层面得到塑造、促进和提升，在心理上积极适应且幸福地生活。本章分为积极情绪体验、积极人格特质、积极的社会组织系统三部分。主要包括情绪、积极情绪、积极情绪体验等内容。

第一节　积极情绪体验

一、情绪

（一）情绪的概念

心理学中对情绪的定义为："情绪是指伴随着认知和意识过程产生的对外界事物的态度，是对客观事物和主体需求之间关系的反应，是以个体的愿望和需要为中介的一种心理活动。"

（二）情绪的构成

情绪主要由主观体验、外部表现和生理唤醒三个方面构成。

首先，情绪是人的一种主观体验，是一种以人的需要为中介的心理活动。它反映的是客观外界事物与主体需要之间的关系。外界事物符合主体需要，就会产生积极的情绪体验，反之，就会产生消极的情绪体验。

其次，情绪的外部表现形式是表情。表情包括面部表情、身段表情和言语表情。面部表情是面部肌肉活动的一种形式，面部的表情肌可以做出成千上万种不同的表情；身段表情是指身体动作上的变化，包括手势和身体的姿势；言语表情是一种情绪的表达，是指人在说话时的音调、速度、节奏等。

最后，情绪可以导致某些生理变化，包括心率、血压、呼吸、血管容积等的变化。比如人在害怕的时候会心跳加速、手脚发抖等。

可见，情绪是一个复杂的、多维的、多元的、多层次整合的心理过程。每种情绪的产生，都是由生理与心理、本能与习得、自然与社会等诸多要素叠加而成的。

（三）情绪的诱发方式

情绪的诱发方式主要包括行为式诱发、刺激式诱发、仿真情境式诱发三种。

行为式诱发包括通过回忆诱发情绪、通过面部肌肉反应诱发情绪。著名的"杜乡微笑"就是行为诱发积极情绪的关于面部表情的实验。汤姆金斯依据面部肌肉反应对情绪的诱发方式，提出面部表情是可以诱发情绪的，即面部反馈假说。后继学者们对这一假说进行了相关实验，验证了微笑的面部肌肉反应更易诱发积极情绪。

刺激式诱发是由刺激引发想象以诱发情绪的一种方式，常用的刺激方式主要有照片图像、音乐活动、影视剧以及它们的结合。这种情绪诱发方式相当于个体在受到刺激后，由刺激所传达出的情绪引发个体情绪的体验或由此受到情绪的感染。

仿真情境式诱发就是指模拟真实的情境来诱发被试者的情绪。例如，安排被试者进行演讲，并在其演讲过程中有意表现出不和谐行为，以此来引发被试者的消极情绪。

综上所述，仿真情境式诱发方式较易诱发消极情绪；相较于行为式诱发方式，刺激式诱发方式更适用于诱发积极情绪。

二、积极情绪

（一）积极情绪的定义

情绪是一种高级认知功能，它一直是心理学界的热门话题，围绕情绪的研究层出不穷，涉及各个方面。积极心理学认为，积极情绪能够让人类更加健康、快乐、幸福地生活，因此，对积极情绪的研究十分重要。虽然对积极情绪的研究由来已久，但是学者们对积极情绪的定义也存在多种观点。

总体来说，学者们对积极情绪的定义分为以下两种取向。

第一种取向基于个人的体验来定义。情绪认知理论认为，积极情绪体验是因为感官、记忆等生理机制引发或者得到他人的正性评价，某些目标任务得以实现后产生的积极的正性的情绪体验。我国学者王振宏等人指出，积极情绪是一种情绪状态，它的持续时间可长也可短。比如有的时候仅仅是因为他人赞美而产生的短暂的喜悦。还可以是经过长时间的努力后，目标任务得以达成，产生的持续长久的兴奋、成就感。

另一种取向更强调积极情绪的价值与功能，把积极情绪视为能激发个人积极行为倾向的情绪。例如，美国心理学家华生等人认为，积极情绪反映的是人们激动、热情、充满活力与警惕程度的情绪状态。我国心理学家孟昭兰也提出了类似的观点，她认为积极情绪是与一定需求有关的，当需要满足后，往往会出现积极的主观体验，还可以增进个体的积极性和提高个体的活动能力。美国心理学家卡弗指出，积极情绪是一种有正向作用的情绪，能够使人产生愉悦的体验，还能激发个体产生满足需要的动机，进而促进个体所处理的事物能顺利进行。

（二）积极情绪的形式

弗雷德里克森根据人们最常感受到的积极情绪形式，列出了10种积极情绪：喜悦、感激、宁静、兴趣、希望、自豪、逗趣、激励、敬佩和爱。这10种积极情绪的来源各不相同。

1. 喜悦

人生中最普遍的积极情绪就是喜悦。喜悦是一种轻松愉快的心情。当事情如我们所希望的那样发展，结果与预期相符，或者超过预期时，我们往往会感到愉快和喜悦。比如和家人一起吃饭，除了吃好吃的，还会说一些有趣的事情。在许多情况下，我们也能感觉到快乐：参加家庭成员和朋友的生日派对；打开邮箱，看到一封老朋友的来信；好友和自己一起旅行。

2. 感激

当我们认识到别人在自己身上所做的一切时，我们就会感激：教师温柔地给我们提供学习上的意见，让我们能够更好地调整自己的学习方式和计划；父母为我们准备了一顿丰盛的晚餐；生病的时候，舍友会给我们送来吃喝的东西。拥有健康的身体、早晨看到太阳升起、呼吸新鲜的空气等，这些都可以让我们感受到感激。感激会让我们产生一种"要有所回报"的欲望，我们会对那些曾经帮助过我们的人有所回报，同时也会将我们所得到的一切传递给别人。感激与"亏欠"是两种不同的东西，"亏欠"会使我们感到需要还，不然我们会不安、会自责，但是感激会让我们由衷地、自发地去感谢。

3. 宁静

宁静是一种低调、放松的快乐。当我们长长地舒了一口气的时候，我们会觉得自己的处境是那么的舒适，那么，在一天的艰苦而有意义的工作之后，我们就会睡一个好觉；在一个晴朗的早晨，在凉爽的微风吹拂下，我们可以享受到一种宁静的感觉。弗雷德里克森称宁静为"晚霞"的平静，是一种不引人注意的、持久的感情，这会使人更愿意投入现在，享受现在的感觉。

4. 兴趣

兴趣是一种潜在的、神秘的感受，因为我们身处一个安全的地方，我们会被某些新奇的东西所吸引。不像快乐和平静，兴趣和爱好要付出更多的精力。兴趣会吸引一个人，让他投入他所接触到的东西中去。我们要在森林里探索一条未知的道路，我们要去探索一个全新的领域，不管是做饭，还是比赛，我们都会因此而废寝忘食。兴趣将引导我们到未知的地方，进行新的尝试，解开谜团，学习更多。

5. 希望

与其他正面情绪不同，当情况变得糟糕或不确定时，我们更有可能感受到希望。不管情况如何糟糕和不确定，都要相信一切会好转，只要有希望，就会使我们不至于陷入绝望。这会激发我们去挖掘自身的潜能，去改变现状，去设计更好的将来。

6. 自豪

自豪是一种积极情感。当你对自己的价值有了肯定，自豪就是一种"自觉的情感"。自豪是一种很好的感觉，因为我们在做一件事情的时候，例如，做饭、在班级演讲、帮助他人等，我们都会感到骄傲与自豪。

7. 逗趣

逗趣也就是我们所说的幽默。幽默与笑声息息相关。有时候，意外的事会使我们开怀大笑；朋友在品尝了一道新菜后，做出了一个滑稽的表情；我们教孩子们如何洗衣服，他们一学就会。

8. 激励

激励是一种积极的情绪。当我们看见那些在赛场上拼搏、为国家争光的运动员时，会受到激励与鼓舞；当我们读一本名著时，会因书中英雄坚韧不拔的精神而受到激励；当我们看见父母为了让我们的生活更好而努力工作时，会受到激励。激励的感觉经常会使我们的内心受到感动，从而促使我们采取行动。

9. 敬佩

敬佩和激励紧密联系在一起，如我们敬佩那些在人类历史上留下丰功伟绩的人物，同时我们也敬佩一些平凡岗位上的人。我们敬佩的对象可以是人，也可以是伟大的事物。比如我们对大自然的敬佩，为其壮丽景观所打动：美丽的夕阳、浩瀚的大海、巍峨的山峰等。

10. 爱

爱是一种最有色彩的情绪，包括了所有积极情绪。我们会把种种积极情绪转化成爱。当这种积极情绪的美妙感觉与一种安全、亲密的关系结合在一起的时候，它会拨动人们的心弦，继而产生爱。

（三）积极情绪的功能

1. 积极情绪能够促进个体认知

心理学家伊森做过积极情绪对认知的影响的研究，他通过实验刺激被试产生积极情绪，进一步研究后表明积极情绪对个体的认知有促进作用，同时还使个体的思维变得更具创造性，决策能力更强。弗雷德里克森通过研究发现，个体处于积极情绪状态下时思维领域更广、注意力更集中，同时记忆功能更强，个体在解决问题时体现出更强的灵活性和判断能力。

2. 积极情绪能够提高主观幸福感

弗雷德里克森的拓展-建构理论认为，积极情绪的体验表现出不同的形式，但都能拓延人的瞬间知行能力，建构人的智力、体力、心理调节能力和社会协调能力等个人资源，并提高人的主观幸福感。有研究发现，积极情绪使个体的压力应对策略得以改善，由此促进了问题的有效解决，进而提升了主观幸福感。一方面，积极情绪体验提升了个体对逆境的应对能力，削减了负面情绪；另一方面，积极情绪的循环体验能增进个体的心理韧性，增强个体社会资源，进而能够提升个体的幸福感。

3. 积极情绪能够促进健康人格的形成

学者们认为，所有积极情绪都共有一种表情符号——杜乡微笑，即嘴角上扬并伴有眼周和嘴巴肌肉发生显著运动的微笑，是和其内心的真实感受一致的。心理学家凯尔特纳和博南诺的研究结果表明，杜乡微笑缓解了人的负面情绪，而且能帮助人调节情绪，保持积极情绪。积极情绪能使人在面对压力时采取积极的行为去应对，并逐渐形成一种良性循环，直到构建成永久的个人资源，这种资源有利于促进健康人格的形成。

三、积极情绪体验

（一）积极情绪体验的内涵

弗雷德里克森认为，积极情绪是指当个体完成了自己觉得有意义的事情时，所表现出来的独特的反应，这时个体体验到的是一种暂时的快乐。这种快乐是能使个体自觉地融入所处的环境，通过积极的融入和环境的影响，在事情发展的过程中产生愉悦感受的一种情绪体验。

大多数学者认为积极情绪体验包括两个方面的内容，一是感官愉悦，二是心理享受。感官愉悦主要指人的生理需要，当人的生理需要在一定程度上得到满足之后，个体就会体验到一种放松的感觉。心理享受则指的是在个体原有状态的基础上实现的超越，比如实现了自己的预期目标、解决了困扰已久的难题等。总的来说，无论是感官愉悦，还是心理享受，都有助于人的身心健康，能够提升人的幸福感。

（二）积极情绪体验的目标

1. 主观幸福感的情绪体验

（1）主观幸福感的作用

人们都渴望过幸福的生活，幸福似乎是人类普遍渴求的目标。幸福的生活对人们来说仅仅是体验比较好吗？人们为什么想要生活得幸福些？在多年来人类对幸福的探讨的基础上，积极心理学家进行了相当多的实验来研究幸福对人类的作用。

①幸福与健康。在一项经典的研究中，研究人员研究了幸福感与长寿的关系。研究人员选择的研究对象是1941—1943年进入修道院的天主教修女，她们过着规律的、与世隔绝的生活，有相似的生活环境、生活习惯，吃同样的食物，

有相同的社会地位和医疗条件，很少有吸烟、喝酒等不良习惯和风险行为。这些修女在进入修道院时，要写一段自述描述自己的生活并说明加入宗教的原因。研究人员对她们的自述中表达幸福感的积极感受进行评分，得出了有幸福感的修女会比没有幸福感的修女更长寿的结论。另一项关于幸福与健康的研究中，谢尔登·库恩教授和他的研究团队招募了一些志愿者探寻幸福与健康的关系。这些志愿者首先都接受了各项检查，包括情绪状态，即整体积极与消极程度的检查，以及体内抗体水平的检查。然后，这些志愿者就自愿在旅馆的某一层单独待上一周。进入旅馆的第一天，被试就感染了一种感冒病毒，并且被试不能离开自己所在楼层，不能和任何人有身体接触，只能食用旅馆的食物。被试靠看电视、看书或打电话来打发时间，以及接受大量的体检项目。结果显示，整体积极程度更高的那些人报告流鼻涕、鼻塞和打喷嚏这类症状更少，客观的诊断也显示这类人的病症也更少。一项为期30年的研究发现，如果研究对象经常处于积极情绪状态，那么他们罹患疾病的概率会下降，因心血管疾病、自杀、意外事故、精神疾病、药物依赖以及酒精肝而死亡的概率会降低。即使考虑了年龄、性别、教育水平等因素，积极情绪的正面影响仍然存在。

②幸福与个体的成长和实现。主观幸福感可以拓展个人的思维－行动能力，也会强化个人在智力、体能、社交和心理等方面的活动资源，包括智力资源（如提高解决问题的能力、提高掌握新信息的能力等）、体能资源（如提高协调能力、提高体质和心血管健康水平等）、社会资源（如加强社会联系、建立新关系等）和心理资源（如培养乐观态度、确定生活目标）等。美国心理学家迪纳提出，积极的心态是主观幸福感最强有力和最可靠的预测因素。美国心理学家凯斯提出了心灵旺盛与心灵枯萎的概念。心灵旺盛泛指个人有能力创造或维持主观幸福感。心灵旺盛的人在任何情况下都会感到生活有目标、有意义，认为自己有能力战胜压力，悦纳自己的一切。心灵枯萎指个人没有或欠缺能力创造或维持主观幸福感。心灵枯萎之人通常没有精神疾患或抑郁症状，但他们的情感、心理和社会适应状态很差，很容易产生挫败感、空虚感和学习无助感。

（2）积极情绪与主观幸福感的关系

主观幸福感和积极情绪之间存在密切关系。福尔加斯在其研究中指出，情绪在社会生活中控制着个体的人际交往活动，情绪智力较高的人与情绪智力较低的人相比，可以根据情绪控制与感知，对人际互动做出适当的反馈，从而维持良好的人际关系。积极情绪通过建设个人资源单向影响着个体的生活满意度。在逆境中以及压力下，积极情绪在心理韧性幸福感的作用路径中发挥着中介效应，积极情绪为主观幸福感提供一种保护,在这种保护下,个体能够获得更为丰富的幸福感体验。池丽萍等人在研究影响主观幸福感的因素时,分别从认知、情感维度进行研究,研究结果显示,主观幸福感及其所有维度都受人际关系的影响。袁莉敏指出,与积极情绪有所关联的情绪体验皆与主观幸福感呈显著性正相关。

2. 身心健康的情绪体验

研究发现有更多积极情绪的人更长寿。积极情绪有利于构建更强健的免疫系统。拥有更多积极情绪的人也是乐观的人、常能看到希望的人。乐观是健康的需要,也是生活和生命的需要。许多研究证实,长寿老人的最大特点之一是具有乐观情绪。也有研究表明,对自己外貌乐观的病人,比对自己外貌不乐观的病人寿命要长得多。因为快乐、笑不仅能使人克服压力,更能促进呼吸和血液循环,分泌有益于身体的激素,并会抑制压力产生的有害激素。积极情绪可以提高人体内的多巴胺水平,增强人体的免疫力;减少人体对压力的炎症反应;降低血压,缓解疼痛,带来更好的睡眠等。

著名的生理心理学教授科斯说:"不良的情感对人体的肌肉有着相应的化学作用。良好的情感对人生有着全面的有益的影响。脑神经中的每一个思想,都因细胞的组织而更改,而这种更改是永久性的。"乐观和希望对于健康非常重要,在心脏移植手术后,积极的期望预示着更佳的康复效果。手术之后,乐观者比悲观者恢复得更快。有学者在对失去配偶的人的研究中发现,能发现生活意义的人更能战胜以后的生活,甚少死亡。因此乐观、希望、意义不仅能保护心理健康,而且能促进生理健康。

积极情绪促进身体健康主要基于积极情绪可以提高人体的免疫功能,这主要体现在笑和幽默中。笑是一剂良药,它能增加人的积极情绪和促进人的免疫系统功能的改善,更重要的是,这种免疫系统功能的改善是通过积极情绪的主观体验来调节的。笑和幽默常常连在一起,不过人们更多的是把笑视为一种行为,幽默则被视为一种认知结构。人们常用幽默来应对生活中的压力,幽默的人更容易有积极心境。而且在应对压力时,幽默的人能够提高唾液免疫球蛋白的水平,该蛋白是呼吸系统疾病的第一道防线,因而增强了免疫功能。这说明能获得和维持积极情绪的人在面对生活压力时,通过笑、幽默改善了免疫功能,促进了身体健康。

现代科学也进一步证明,情绪可以通过大脑影响心理活动和全身的生理活动。积极情绪可以使人体内的神经系统、内分泌系统自动调节机能处于最佳状态,有利于促进身体健康。心情愉快、心态平和更能促进个体做弹性与复杂思考，有助于拓展思路与自由联想，有助于提高智能，所以积极情绪能够促成积极状态，是身心健康的灵丹妙药。

3. 成功的情绪体验

布兰迪斯大学的科学家利用先进的眼动跟踪技术，重复验证了弗雷德里克森的发现，即积极情绪可以扩展人们的注意力。被试在计算机屏幕上看图片时，一部摄像机以每秒60次的频率记录了他们的眼球运动以及他们头部做出的任何运动。被试被随机分配到注入积极情绪组和未注入积极情绪组。每一幅图片都包括三张照片，一张放在中间，两张放在旁边。被试自然地观看放映中的幻灯片，随意地看他们感兴趣的任何东西。通过追踪他们眼睛定向的位置，研究证实，在积极情绪的影响下，人们更多地环顾四周，并更频繁地注视周边的照片。所以，积极情绪可以开阔个体对生活的视野，扩大个体的世界观，使个体能注意到更多的资源，从而帮助个体获得成功。

积极情绪可以拓宽注意力和信息获取范围，加快思考速度，提高记忆力，提高效率和准确率，增加包容性和抗挫能力，使人具有更强的创造力。你是否有过这样的经历：当你情绪高涨，处于兴奋、愉悦状态的时候，就会感觉自己所向无敌，做起事情来也得心应手，特别顺畅；而当你感觉情绪低落、沮丧、灰心失望的时候，即使是很简单的事情，也会变成挡住去路的障碍，让你感到无能为力。当一个人的积极性受到挫伤时，就常常会"闹情绪"，或闷闷不乐，工作懒散；或愤愤不平，牢骚一大堆。一个积极性不高的人，什么都不想做；而一个积极性高涨的人会觉得劲头十足，对周围的事物充满了兴趣。例如，在情绪障碍中，抑郁是一种对人们造成很大伤害的消极情绪，患有抑郁症的个体的最大特征是缺乏积极性，对任何事物都没有兴趣，心境低落。

积极情绪并不能保证事情成功，但是拥有积极情绪可以改善我们的生活。在积极情绪的帮助下，我们能够给自己创造一个充满阳光的心灵空间，引导我们走向成功之路。一个拥有积极情绪的人，他的人生态度是积极的，不管是在学习、工作还是生活中，他都能很好地完成任务。因此，这类人的人生价值的实现就相对较多。自我价值实现得越多，自我肯定的成就感就越多，之后也能拥有更多的积极情绪，形成一个良性循环。相反，一个情绪消极的人，心情忧郁，整天愁眉苦脸地面对生活，不管做什么事情都消极被动，甚至常常错误百出，那么他的自我价值实现就越来越少，自我否定等经历就不断增加，情绪也会更加消极抑郁，从而形成恶性循环。

第二节 积极人格特质

一、积极人格特质的概念界定

（一）人格的概念

人格是集生物素质、心理素质和社会素质于一体的有机构成。探究"人格"词义可知，该词汇属于外来词，是近代翻译日语后得来的，由此正式引入我国文化。"人格"最早出自拉丁文"persona"，指代面具，是喜剧演员所主演的角色象征。延伸后的"人格"一词内涵复杂且含义广泛，譬如阿尔伯特曾经就人格的定义列举出50种以上。然而，由于学科属性的不同以及研究维度的差异，对人格含义的界定也不尽一致。

1. 心理学对人格含义的界定

心理学家郭永玉教授将人格的含义界定为个人在各种交互作用过程中形成的内在动力组织和相应行为模式的统一体。郭永玉教授将人格心理学视为心理学学科的重要组成部分，其研究核心是人性、个性差异及个性特征。华东政法大学的马前广教授指出："人格是个体在不同情境和时间跨度中表现出的较为稳定的心理结构和行为模式。"在心理学的学科体系之中，人格大致可以分为两种类型，即社会人格与个体人格。社会人格是指群体在社会生活中所形成的人格特点，属于群体之间的共性。概而言之，群体的思想共性会内化于个体的行为举止之中，现实社会的经济、政治、文化等都会对群体的社会人格产生不同程度的影响。个体人格与社会人格互为对立，个体人格是指在社会环境的作用下，当受到社会文化、风俗习惯、价值理念等影响后，个人在思想和行为上所表现出的具体差异性。

2. 伦理学对人格含义的界定

伦理学对人格的定义主要是围绕人性的善与恶进行探讨的，因而在伦理学中对人格的定义多从道德的视角进行研究，即道德人格。道德人格是伦理道德的起源，对个体的人格特征提出了道德性的要求和规范，是个体道德性的具体体现，是对个体品德修养的现实衡量。养成高尚的道德人格是个体对自身品格修为的恪守，是对人生最高价值的努力追求，个人对道德的坚守和自律能够推动整个社会的进步和发展。

3. 法学对人格含义的界定

法学将人格主要界定为人格权，将其视为公民所固有，同时也是法律所赋予公民的一种人身权利。人格权是一项基础性的权利，在我国法律体系中处于基础地位，是个人生存的根本，是社会发展的根基。《中华人民共和国民法典》中将人格权独立成编，对人格权的保护制度进行了详尽的规定，足以证明党和国家对公民人格的维护和对人格权利的高度重视。

笔者通过借鉴不同学科对人格的定义之后深受启发，认为人格是基于社会和家庭的影响，通过学校教育所表现出来的理想信念、爱国情怀、品行修养、人格修为等多方面的集合。人格是人的能力、气质、性格等一系列特征的总和，是人的品质，是人的内心结构和外在表现得到统一之后的具体表达。人格具有先天、稳定的特性，同时也具有后天习得、可塑造的特性。

（二）积极人格概述

1. 积极人格的概念

积极人格是充满正能量的人格，具有高效率地完成事情，积极地干正确的事，幸福、乐观、积极、向上、自信等特征。积极人格表现为个体的主观能动性进行全面的发挥，拥有顽强拼搏精神和积极探索欲，并且乐观、向上，善于发现世界的美，善于探索世界的乐趣。

总的来说，积极人格是在以积极的价值观为核心的前提下，积极运用科学技能，拥有健康爱好和美感、较好创新性以及良好人生思维的人格。

2. 积极人格的核心

（1）积极价值观

积极价值观主要内容：①向上、向前、向善、求真的根本信念；②与时俱进，持续发展，人生价值追求；③社会主义核心价值观，即富强、民主、文明、和谐、自由、平等、公正、法治、爱国、敬业、诚信、友善；④凝聚正能量的人生意义与价值的认识和观念，这种认识与观念能够给人希望和发展的力量，使人健康与快乐、智慧与进步、成功与幸福；⑤在学习、工作与生活中开发潜能，解放思想，提高认识，坚定信心，鼓足干劲，主动认领使命，主动担责，尽职尽责，战胜困难，争取胜利，勇敢前进，实现持续发展和高水平发展的观念与信念；⑥乐于分享、主动奉献自己的成就与幸福，心甘情愿地为人民服务、为国家和社会服务，努力为社会为人民做出更大贡献的人生理念等。积极价值观确保了人们的心态与活动的积极性，是人生进步的指明灯。

（2）积极心态

"积极心态"是个专有名词，源于成功学。成功学的最大价值就是揭示了"正向积极心理伴随成功"的道理，"人和人相互仅有较小的差别，然而这类较小的差别却通常形成了很大的不相同。较小的差别即所具有的心理是正向的还是消极的，很大的不相同即成功与否"。积极心态即从正面看待事情和难题。触发正向情绪和正向操作的心态特性以及活动走势，都是积极心态的重要特征。持积极心态的人拥有积极、幸福、欢乐、向上、期望、乐观的做事风格，还表现为平稳、乐于付出、乐于行动、愿意接受新事物、勇于尝试与创新、容忍失败、喜欢合作与分享、同情弱势群体、怀有感激之情、乐于付出与帮助他人、感受幸福等。拥有积极心态可以确保人们不管是在何种处境，都能够对自身以及社会充满善意和信心，可以在日常的工作、学习、生活里感受到快乐和美好，能够保持不怕困难、迎难而上的心态，同时积极发现美好，共享美好。

（3）美德

美德是适合时代发展和个人成长与幸福需要的进步品德。诚实厚道、自立自强、公平公正、遵纪守法、仁爱乐群、民主、勤奋、文明先进、勤俭节制、理性踏实、谦虚平和、精益求精等品德是任何时代都需要的优良品德，是积极心态的重要组成部分。在此基础之上，主动认领民族发展的使命、主动担责尽责、积极进取、追求卓越、勇敢坚强、顽强奋斗、敢闯敢当、乐于助人、幸福奉献等发展性品德与奉献性品德更加明显与突出。

（三）人格特质的概念

人格特质是指在不同时间和情境中个体所表现的相对持久稳定的行为特点，并影响着生活的方方面面。1961年塔佩斯等人提出了便于测量人格特质的5个维度，后来经过验证形成了著名的人格五因素模型。有关人格特质测量的量表主要有明尼苏达多项人格调查表（MMPI）、艾森克人格问卷（EPQ）、卡特尔16种人格因素问卷（16PF）、大五人格问卷（BFI）等。2012年朱小佳对约翰、多纳休和肯特尔在1991年提出的大五人格问卷进行了中文修订。朱小佳修订的中文版人格特质量表中，将人格特质分为神经质、外倾性、开放性、宜人性和尽责性5种人格特质。

（四）积极人格特质的概念及分类

人格包含积极和消极两方面，积极人格理论主张探索和研究人格中的积极力量，认为诱导、刺激和加强个体的潜在力量和能量，能促进其积极人格特质的形成。同时这有助于帮助个体缓和排解不良情绪，从而促进其身心健康地发展，更积极地适应外界复杂的社会环境。

积极人格特质由彼得森和塞利格曼定义为一种积极力量和积极心理品质，他们认为个体身上存在智慧、勇气、仁爱、正义、节制、卓越6种良好美德，而这6种美德各自包含不同的积极人格品质，具体对应情况如表4-1所示。

表4-1 积极人格特质的分类

美德	积极人格特质
智慧	创造力、好奇心、热爱学习、开放性思维、洞察力、社会智慧
勇气	正直、勇敢、坚持
仁爱	仁慈、爱与被爱
正义	公平、领导力、公民精神
节制	谦虚、谨慎、自我调节
卓越	审美、感恩、希望、幽默、虔敬、热诚、宽恕

二、积极人格特质相关研究

自2000年在美国诞生以来，积极心理学在短短二十几年间取得了飞速的发展，引起了国内和国外学者的热烈关注，也掀起了一波研究积极人格的高潮。目前，积极人格特质及其支撑理论体系的发展已经较为成熟和完善，同时我国引进了大量国外优秀的研究成果并对其进行改造，使其适用于我国的国情。积极人格的培养方法和测量工具等应用已融入体育学、医学和教育学等许多领域。

塞利格曼教授和心理学家米哈里·契克森米哈赖第一次在《积极心理学导论》中完整地提出一门"关注于构建人类的性格力量和美德"的科学，自此基本

第四章 积极心理健康教育的目标

确定了积极心理学的定义。心理学家提出，个体具有由主观幸福感、快乐与乐观及自我决定构成的积极人格特质，自此对积极人格特质的研究也登上了世界的舞台。彼得森认为人类积极的人格特质一方面表现在自我保护和自我接受的积极利己性，另一方面表现在给予和获得他人帮助的积极社会关系。艾伦在其研究成果中介绍了积极人格特质在不同领域应用的成功案例，并同时对主观幸福感、快乐与乐观及社交智慧方面的积极人格特质进行了更加深入的解释和说明，并对此开展了实验研究。

芭芭拉·弗雷德里克森提出了拓展－建构理论，她认为，培养和发展积极的人格特质有两种有效的方式——瞬时扩张和长期建构，而积极情绪和主观幸福感则以螺旋渐进的方式成长。塞利格曼等通过横向研究跨民族、文化背景以及纵向研究人类性格的历史，归纳出适合大部分人类的六大美德，并将此详细分为可具体实施的24项性格优势即积极人格特质，同时研发和编写了成人版及青少年积极人格特质问卷。

我国学者也对积极心理学进行了大量的理论和实践研究。任俊阐述了积极心理学的产生背景、哲学的理论基础以及目前存在的主要问题，较为客观真实地反映了积极心理学的主要理念。苗元江、余嘉元认为积极心理学带来了一种全新的理念，其宗旨是帮助个体更好地生活和成长，挖掘个体的积极心理品质，主流心理学应该转换为探索和研究个体外在优势和内在潜力的新科学。张倩、郑涌介绍了美国心理学界最新研究动向，认为积极心理学的出现在一定程度上矫正了传统心理学病理化研究趋势较为严峻的问题，也为主流心理学理论体系的发展进行了补充，极大地促进了心理学的发展。孟万金、官群和吴九君编制了适应大学生的积极心理品质量表工具。另外，刘翠在适应我国国情的基础之上，制定了积极心理品质评定量表。樊飞飞、李丽玲根据我国初中生心理特征和人格发展特点，对初中生积极品质量表进行了编写和修正。项亚光、卫红云等则针对初中生心理发展特点，提出了初中生积极人格培养的策略。葛莹莹等以贫困大学生为研究对象，发现环境因素、家庭因素以及自身因素三个因素对贫困大学生积极人格特质的形成有非常重要的影响。张晓等指出社团活动能够培养中学生的积极人格特质，包括社交智慧、感恩和公正等多个方面。单志艳、刘在花分别对小学生和中学生的积极人格特质进行了实际案例的培养研究。李焕玲通过对高校心理健康教育课程进行实验研究，得出了心理健康教育课程对培养学生的认知、人际交往及行为等方面有显著积极作用的结论。

第三节　积极的社会组织系统

一、积极的学校支持系统

学校营造关怀和信任的支持性氛围至关重要。学校的基础设施已能满足学生发展的需要，因此学生对学校的氛围提出了更高的要求。学校应通过开展形式多样的活动，满足学生的成长需要，提供及时的支持与鼓励。

著名心理学教授泰勒于 2002 年在哈佛大学开设积极心理学课，23% 的学生反映积极心理学带给了他们积极的改变，一时间哈佛大学的积极心理学课程风靡全球。积极心理健康教育教学模式成效显著好于传统心理健康教育教学模式。心理健康教育课程是传递心理健康知识的主要载体，为培养大学生积极心理品质提供有效平台。积极取向的心理健康教育渗透着积极的理念，面对全体学生，从积极的角度描述和解释问题，给学生积极的反馈，使学生真正成为自身潜力的发掘者，激发学生的主动性和创造性，削减问题意识；帮助学生了解积极品质是人固有的本性，引导学生深入地自我观察与探索，培养发掘自我优势与美德的能力，建立独特的积极品质组成体系，通过学习和练习，使学生能够认识和培养自己的积极心理品质。

教师在课堂上可以采用角色扮演、案例分析、课堂讨论、心理行为训练等多样灵活的方式进行教学，不拘泥于传统讲授式教学，让学生在轻松愉悦的氛围中体会学习，获取直接经验，给学生充分的空间和自由。也可以通过团体心理辅导的方式，促进大学生的心理健康。团体心理辅导在提升自我认知、提高自信心、提高人际沟通能力等方面具有不可替代的优势。积极心理理念能够促进形成温暖、安全、相互尊重的团体氛围，使学生建立积极认知，感受积极情绪体验，形成积极人际关系，发展积极行为，提升其主观幸福感、自信、乐观、智慧、心理体验、创造力、生命意义等积极品质。

二、积极的家庭支持系统

父母是子女人生道路上的第一任导师，原生家庭是学生接触的第一个社会空间，因此家庭环境在学生积极心理健康的形成和发展过程中发挥了重要作用。学生个人心理上的问题更倾向于寻求家长的帮助，因此我们要看到家庭环境、家庭教育对学生的心理健康方面的重要影响。家庭整体环境和父母的言传身教对学生的影响非常大,父母只有让孩子知道自己的感受和情绪,并且让子女看到自己是如何表达以及调控自己情绪的,才能让孩子与自己进行双向的沟通。

家庭是人的思想成熟、精神成长、价值观形成的基础。对于大学生积极心理健康提升的积极组织系统来说,家庭支持系统是其组织系统中的重要部分。对大学生积极心理健康影响因素的研究也表明了家庭支持系统在大学生积极心理健康提升中的重要作用。家庭是大学生人生的第一课堂,是大学生思维启蒙的地方,对大学生的积极心理健康的养成具有重要作用。因此,一个良好的家庭支持系统是大学生积极心理健康提升中不可或缺的关键因素。

(一) 和谐家庭氛围的营造

在不同家庭环境中成长起来的大学生,其性格特点具有较大的差异性。往往在肯定和鼓励式的环境中长大的大学生幸福感更强,同时肯定和鼓励式的成长环境有助于大学生养成积极的性格特质;反之,在否定和批判式的环境中长大的大学生容易身心发展不和谐,不利于大学生积极性格特质的养成。家庭应遵循孩子的身心发展规律,积极引导,善于发现其在不同成长阶段所展现出来的闪光之处,用欣赏的眼光加以鼓励,帮助他们养成乐观积极的心态。此外,步入大学后的学生基本成年,自我意识不断加强,对待事物有了自己独立判断的能力,因此在大学阶段,父母应充分尊重孩子的意见,与其平等交流,为大学生的积极心理健康提升提供有利的家庭环境。

(二) 充分的情感支持

大学生在遇到挫折时,容易情绪低落、精神受挫,处于挫折旋涡中的他们需要外界的帮助。家庭作为最贴近大学生的支持系统,家庭的情感支持和挫折帮扶显得尤为重要。大学生在面对挫折时,在情感上需要得到支持和鼓励,在困境中需要得到摆脱困境的建议。有的学生在遇到挫折时会第一时间寻求家人的帮助,而有的学生却不愿意向家人吐露心声,甚至在家人的询问下也选择三缄其口,这种情况的发生大多由于家庭缺乏良好的沟通环境和稳定的情感支持。

因此,当大学生遇到挫折时,一方面家庭应给予鼓励和支持,让大学生树立起克服挫折的信心和勇气;另一方面,大学生涉世未深,缺乏经验,家庭应向其提供克服挫折的方法,引导和帮助大学生克服挫折。

(三) 家庭教养模式的改进

父母的教养方式对大学生的积极心理健康具有重要影响。父母高度的保护或控制与低水平的关爱都会导致大学生心理问题的产生。在家庭过度控制或溺爱式的教育方式下成长起来的大学生就像温室里的花朵，抵抗风雨的能力差，遇到困难和挫折时往往希望第一时间得到家庭的帮助，具有高度依赖性，不敢独立面对和克服困难。高依赖型人格属于挫折易感型人格。父母低水平的关爱，会导致大学生缺乏安全感，无法养成良好的心理素质。

此外，家庭成员的个人修养、处事方式对大学生的成长具有潜移默化的影响，属于潜在的教养方式。父母应该提升个人修养，沉着冷静地处理生活中遇到的各种问题，为子女树立良好的榜样，有助于大学生积极心理健康的提升。

三、积极的社会支持系统

（一）社会支持的定义

关于社会支持的研究最早出现在精神病学领域，此后，心理学、社会学等不同学科领域的学者对社会支持进行了更加深入的研究，取得了较为丰富的研究成果。目前学者对社会支持的概念界定可归为三类。

第一类观点将社会支持看作一种社会资源交换，是人和人之间进行交换的过程，它一般出现在信息支持、情感关怀等过程中。林顺利和孟亚男认为社会支持是来自社会网络关系中的帮助以及资源交换。

第二类观点将社会支持视作一种社会行为，是个人在遇到压力和困难的情况之下可以获得和利用的帮助。社会支持作为一种支持性的行为，可以减少和缓解由于不良情绪所造成的不好影响，使个体在面对压力时能够更好地处理。施建锋认为，社会支持来自别人的同情，是给有需要的人的资源上的帮助，这种资源上的支持可以满足个体的需要，缓解个体的压力和紧张情绪。

第三类观点将社会支持看成一种社会互动。程虹娟认为社会支持并非个体单向的行为，而是一种资源的互换，是人在社会中形成的一种互动关系。刘萍等人认为社会支持就是个人与外界的联系，它反映了人与人、人与社会联系的密切程度，具体来讲，这种联系包括亲人、朋友等给个体带来的各种帮助和鼓励。

第四章 积极心理健康教育的目标

(二) 积极的社会环境

积极的社会组织系统是积极心理学的三大研究方向之一。积极心理学表明，人在积极的社会组织系统中更容易获得幸福感。对于大学生积极心理健康提升来说，社会环境是其组织系统中的一部分。对大学生积极心理健康影响因素的研究结果表明，社会环境在大学生积极心理健康提升中具有重要作用，尤其是社会融媒体资源，这一观点与滕飞在《马克思主义幸福观教育研究》中的观点具有一致性。滕飞认为，"真实而自信的大众传媒会使得人们在自身潜能得到施展与发挥的基础上激发社会促进效应。积极社会环境对大学生积极心理健康的提升具有潜移默化的作用，因此要占领网络教育新阵地，充分利用社会环境中的网络平台和网络资源"。

1. 提高大学生积极心理健康的社会认知

提高大学生的积极心理健康并非只是家庭和学校的责任，同时也是社会不可推卸的责任。社会是学生成长的大环境，在潜移默化中影响着学生的思维方式和处事方式，因此，大学生的挫折意识和积极心理健康必然会受到社会环境的影响。加之，大学生是未来社会发展的坚实力量，提高大学生的积极心理健康对未来社会的发展具有重要的意义。因此，应提高大学生积极心理健康的社会认知，从而加强社会各界的作用发挥，共同助力于大学生积极心理健康的提升。

2. 丰富社会融媒体资源

现在是网络平台和数字媒体的信息化时代，网络和社交平台成为大学生获得信息的主要渠道。在这样的时代背景下，大学生在遇到困难和挫折时，融媒体资源往往是他们寻找问题解决方案的渠道，他们通常会结合自身的情况，查看网络平台上是否有人遇到与自己相似的困境，并根据他人的解决经验找到解决自身问题的方案。由此可以看到，丰富的融媒体资源能够帮助大学生克服困难和挫折，从而提升大学生的积极心理健康。加之，大学生既是融媒体资源的利用者，也是融媒体资源的创造者和传播者，因此应培养大学生养成良好的融媒体资源创造和传播习惯，引导学生以实际行动弘扬社会主义正能量。

3. 优化网络空间环境

网络对大学生来说有积极的作用，也有消极的作用，就网络平台本身来说是积极的，而关键在于网络平台传播的内容是否积极，是否对大学生产生了正面的影响。一些不良媒体为了自身利益，发布消极、负面、不利于大学生成长的内容,混淆视听,在无形中影响了大学生的价值判断。大学生正处于青春懵懂的阶段,涉世未深,辨别是非和善恶的能力不足,在鱼龙混杂的网络世界中容易迷失自我。

因此,应优化网络环境,净化网络空间,推进网络德育教育,正面宣传积极心理健康的相关信息和案例,为大学生树立良好的榜样,在积极健康的网络环境中引导大学生勇于克服困难和挫折。大学生既是网络环境中的被影响者,也是网络环境的营造者,因此学校应加强大学生的网络德育教育,与社会各界携手营造积极向上的网络空间环境。

4. 提供网络心理咨询服务

心理咨询是指受过专门训练并具备咨询资质的人,用心理学的理论和方法,为心理适应方面存在问题并企求解决问题的来访者提供心理援助的过程。心理咨询在疏导人的心理情绪中发挥着越来越重要的作用。大学生在遇到挫折产生心理上的自我矛盾时很难从挫折情境中走出来,学校可以通过心理咨询服务为其排解心理障碍,为大学生克服挫折奠定良好的心理基础。网络心理咨询是咨询师使用多种网络连线方式,与受访者进行远距离的同步、实时或异步、非实时的互动,从而达到心理咨询的目的。相对于传统的、面对面的线下心理咨询服务,网络心理咨询服务能够打破时间和空间上的局限,提高心理咨询的实效性。加之,部分大学生性格腼腆内向,不善与人交流,网络心理咨询的方式可以帮助他们放下心中的芥蒂,使得他们更容易表达出自己内心的真实想法。因此,可以开通心理咨询热线、创建心理咨询网站等,为大学生提供网络心理咨询服务。

第五章 积极心理健康教育的内容

对积极心理健康教育进行详细的目标分析之后，就要进行具体的内容分析，使学生更全面、更深入地挖掘自身的优势，更好地成就自我，培育理性平和、积极向上的健康心态。积极的心理健康教育不仅契合国家政策的需求，同时也顺应了社会发展的实际需求。本章分为情绪体验教育、积极人格教育、构建积极的社会组织系统三部分。主要包括积极情绪体验教育研究、教育内容，消极情绪体验的调适教育，积极人格教育的概念界定、主要内容和重要价值等内容。

第一节 情绪体验教育

一、积极情绪体验教育研究

目前，我国越来越多的教育工作者已经意识到，积极心理健康教育的关注重点不能只放在分析、解决学生已存在的心理问题上，而是要以预防学生心理问题为出发点，通过心理健康教育来培养学生的积极情绪，提高学生的心理韧性，有效激发学生的积极心理品质。因此，近年来，关于积极情绪体验教育的研究已悄然展开。

王艳梅尝试通过记录愉快事件、感激训练对积极情绪的干预实验，以大学生为被试，设置控制组，经过四周的追踪研究验证了两种干预方法对积极情绪的影响。

张晓伟在其研究成果中指出，注重培养学生的积极情绪，能使学生更好地应对消极情绪，提高学生的心理弹性。他在探讨积极情绪体验对心理健康教育的启示后认为，应引导学生进行积极归因、提高学生情绪调节能力、建构学生社会支持系统、建构学生与社会互动机制。

夏心怡对音乐团体辅导提升高职院校学生积极情绪进行了实证研究,通过将奥尔夫音乐理论与积极心理学理论相结合,设计出基于音乐治疗理论的积极情绪团体辅导课程,设置实验组与对照组,对被试进行为期6周的干预实验,最终得出结论,即该音乐团体辅导对学生的积极情绪有显著的提升作用。

二、积极情绪体验教育内容

(一)记录快乐的人生事件

每晚回顾一天中发生的令人愉悦的事情,并把它记在心里,这是一种有效的培养积极情绪体验的方法。在进行记录时,细数每日发生的快乐事件,能增强个人的喜怒哀乐,形成正面的资讯偏好,并排除某些不必要的忧虑。在现如今的互联网时代,很多网民在微信、QQ上"晒"快乐,也是为了培养正面的情感。

用日志记录快乐的人生事件,是培养正面情感的一种简单、实用的方法。教育人员应该培养学生在很小的时候就开始写快乐的日志,让他们更加注意到自己的生活,获得更多的正面情感经历,并培养其对生活的乐观态度。

(二)培育与提高感恩意识

在社会转型时期,人们普遍存在一种"知恩图报"的心态。校园内的学生埋怨家长没有为自己创造更好的生活环境,教师们对自己的照顾不够,同学们也都是自私的。在社会上,人们抱怨老板对他们的要求过于严格,他们的工作任务很繁重,工资也很低。人的心态对自己的人生状况有很大的影响,抱怨太多只能使人感到愤怒、失落和痛苦。感恩生活中的一件幸运的事情,可以使人的心情变得更好,使人的生活更幸福。

当人们回想并记录感动自己的人、自己感谢的事情时,他们的正面情感会有明显的增长。感恩的思想会使人想起人生中的正面经验和美好的经验,从而使人从现在的状态中得到最大的满足,不再把生命中的好运视为天经地义的事情。此外,在面对问题时,能以一种积极的态度对待生活中的事情、境遇,也是一种积极的处理方法。感恩可以抑制嫉妒、贪婪、愤怒、痛苦的情绪,让人用一种更为开放的心态对待人生。

(三)用积极思维取代消极思维

积极思维就是从积极的角度去理解自己正在面对的事物。面对半杯水,悲观的人想到"只剩半杯水了",乐观的人会想到"还有半杯水"。有些人总是习惯性地看到生活中的消极面,总是关注自己的失败与挫折,总是看到别人的错误与短处。这样的人总是被各种消极情绪笼罩,很少感到快乐。相反,有些人习惯于看到生活中的幸事,看到自己周围的美好事物,在理解生活中的好与坏时,将积极的信息存入大脑。这样的人总是体验到积极情绪,是周围人眼中的乐天派。

为什么人们容易养成消极思维的习惯?因为人的大脑在处理纷繁复杂的环境信息时,总是会缩小注意范围,筛选自己关注的信息。随着人类的进化,人的大脑倾向于关注有潜在威胁的事物。就像在闹市区开车的司机注意到的只有路况、其他车辆、行人、红绿灯,而不会注意到天空中的云朵和飞鸟。因此,人们总是会关注到身边的问题,挑剔别人的毛病,却忽略了路边的风景和别人对自己善意的关心。

乐观不仅是一种生来的性格,而且是一种可以学习的技能。合理情绪疗法认为,情绪并不直接由诱发事件所引起,而是由个体对事件的解释和看法决定的。每个人都要对自己的情绪负责。当人们陷入情绪障碍时,是他们自己使自己感到不快的,是他们自己选择了这样的情绪取向。人们可以通过识别出自身的消极思维方式,及时制止它的影响,并用积极思维方式将之取代。不断提高这种能力,就会形成积极的人生态度,成为一个乐观的人。

(四)品尝平凡琐碎的乐趣

在当今的社会里,人们的生活步调不断加快,各种新的科技发明都在追求更快的速度。人们都在忙着完成自己明天的规划,但是他们已经丧失了现在的幸福。很多人每天的生活习惯都是下意识地机械地重复着,比如坐公交车、吃饭、洗澡、做家务等,几乎没有人会在这种情况下感受到幸福。

积极心理学家塞利格曼提出的培养当下积极情绪的方法值得借鉴:学会品味日常生活中的小事的乐趣,保持对快乐体验有意注意,放大自己感受到的积极情绪。要做到这一点,有五个具体的做法:第一,与别人分享你的体验,告诉别人你是多么珍惜那一刻的感受;第二,建立快乐的记忆,把愉快的场景在头脑里留下深刻的印象,或是购买纪念品;第三,自我祝贺,例如,在一场成功的演出之后告诉自己你给别人留下了多么深刻的印象,为这一刻的来临你盼了多久;第四,让知觉更敏锐,专注于一些元素而忽略其他元素,例如,闭上眼睛听音乐,全身心投入音乐的境界;第五,全神贯注,完全沉浸在一件事中,不提醒自己还有别的事应当做,只想下一步怎样将当前的事做得更好。如果能以这样细致的态度去品味日常生活中每一个平凡的时刻,那么积极情绪就会无处不在。能够品味日常生活小事中的快乐的人更容易体验到积极情绪。令人惊喜的大事不会天天发生,人的一生大部分都是由日常生活中例行的小事所构成的。如果这些小事能够成为个体汲取快乐的源泉,那么个体时时处处都会心情愉悦。

(五)进行运动情绪体验教育

1. 运动的情绪体验

人们在运动中获得的情绪体验主要有以下两个方面。

(1)主观用力感觉

主观用力感觉是指个体在运动过程中自身对劳累程度、紧张感和不适感的主观感觉,该感觉受到身体不同部位的感觉信号的影响,是一种整体对运动程度的复杂感觉。主观用力感觉的理论基础是在运动过程中,位于肌肉和内脏的感受器可以感知内部环境的剧烈变化,然后使大脑产生相应的主观感觉。严格地说,主观用力感觉用心理的表现形式,反映生理机能的变化。当前,诸多国家已在检测运动强度、评价实验室运动能力和实施训练计划等方面广泛应用主观用力感觉。

现有研究常使用心理学家博格于1973年编制的一项单条目的主观用力感量表进行测量,受试者通过主观的感受去评价运动强度和维持当前活动所付出的心理努力,不需要任何仪器设备,较为便捷。

但主观用力感觉也会受到一些外部因素(时间、强度等)和内部因素(情绪、任务熟悉度等)的影响。例如,当运动处于低或中等强度时,个体感觉还可以接受,而处于高强度时,感受则变为极度疲劳和呼吸急促。此外,主观用力感觉的数值还会受到情绪的影响。比如,个体在愉快地运动且运动强度由本人操纵时,他的主观用力感觉可能会是轻松的。此外,心率与主观用力感觉相结合评价和调节运动强度,是最常用而又简易的方法,这种方法可以有效避免单纯追求心率和某一运动强度的盲目性,避免了潜在危险的发生。

(2)运动享受感

运动享受感作为影响运动坚持性的重要因素,逐渐成为心理学家们广泛关注的话题。运动享受感是对运动体验的积极感觉,且从中感受到满足和快乐。心理学家们将享受感定义为一种积极的情绪、一种积极的情感状态,它可能是由于满足需要(如需要保持活跃)或以生长为导向而导致的体内稳态,其涉及认知维度,该认知维度的重点是成功运用自己的技能来满足环境挑战的感知。另外,可米斯科等人回顾了运动享受感的定义和历史,将运动享受感与情绪、态度、快乐和内在动机等概念进行了比较,对运动享受感的定义进一步概括,认为运动享受感是一种积极的情感、一种最佳的心理状态,是由运动本身所引起的。目前,研究者常使用体育活动愉悦感量表(PACES)对受试者运动后的情感体验进行测量,还有情绪表达性量表(EES)也被广泛应用于相关研究中,一般用于对受试者运动过程中情感体验变化的测量。

目前,情绪和运动享受感是运动体验研究的两个核心点,是重要的运动感受。对运动形式缺少乐趣与喜爱是退出锻炼的主要因素。但两者也存在一定差异,即情绪是一种基本反应,是仅仅对当下的感知。而运动享受感是一种情感体验,受认知、社会性因素等的影响。

2. 参加具有专长的活动

参加一些可以发挥专长的活动,可以提高人的正面情感,并能有效地减轻沮丧。抑郁症会使人行动迟缓、不愿参与运动、行动能力下降。积极心理学相信,要想摆脱这种恶性循环,最有效的办法就是发掘出一个人最突出的天赋、兴趣和特长,鼓励他参与有关的活动,并让他在日常生活中充分发挥自己的特长,从而使他的抑郁症得到缓解。比如,一个有创意的人,会被鼓励去上陶艺班、摄影班、雕塑班、绘画班等。马斯洛的需求层次理论认为,每个人都有自我满足的需求,而一个人在充分利用自己的潜力时,会感到无比的喜悦、自豪和满足。

三、消极情绪体验的调适教育

(一)完善心理健康教育课程设置

世界上的每一个事物,都有其自身的发展规律。积极心理健康教育课程是时代向前推进的产物,是高校教育的重要组成部分,有其独特的发展规律。作为年轻的存在物,心理健康教育课程仍需要不断完善课程设置才能更有效地发挥作用,给高校教育、学生发展带来更大的福音。

1. 制定完善的课程目标

《高等学校学生心理健康教育指导纲要》指出,心理健康教育课程旨在使学生明确心理健康的标准及意义,增强自我心理保健意识和心理危机预防意识,掌握并应用心理健康知识,培养自我认知能力、人际沟通能力、自我调节能力,切实提高心理素质,促进学生全面发展。针对情绪教育,其做出具体目标,即通过教学使学生了解自身的情绪特点,掌握情绪调适的方法,自主调控情绪,保持良好的情绪状态。在情绪教育的目标上，要做到知识与技能目标相结合，认知与能力目标相结合，时刻注重情感态度价值观目标的实现。课程中要求具体问题具体分析，围绕大学生心理健康教育课程指导纲要，站在社会发展立场以及学生个人发展要求的角度去制定教学目标，紧跟时代步伐，掌握大学生最新情绪动态信息，及时制定更适合大学生的课程目标，在大学生掌握自我调适基本知识的同时，提高其心理调节技能，能够及时进行自我调适，以适应大学生学习生活乃至以后工作生活的需要。

2. 选取丰富的课程内容

心理健康教育教材是课程教学的基础，在教材内容的选择上，要贴近大学生实际，贴近时代特征，贴近国家社会的发展方向。要有理论的支撑，更要有实践的基础，共同致力于大学生的身心健康发展，为大学生提供更多的心理能量。

此外，课程内容还应具有灵活性，根据不同的教学情况，可更替、补充、修改和完善情绪调节教学内容，促进课程育人功能的开发。针对不同年级的学生，可重点增加阶段性常见心理问题的相关内容。比如，在大一期间重点解决学习生活适应问题，在大二期间重点解决大学生学习生活压力以及情感问题，在大三期间重点解决大学生对自己未来的前途规划问题，在大四期间重点解决大学生实习就业问题等，以更好指导大学生调节自身情绪。此外，还可针对不同的心理问题开设心理健康教育辅助课程，比如就业心理课、恋爱心理课、学习心理课、发展心理课等，以促进课程内容的丰富与发展。

3. 采用创新的教学方法

实践教学是关键部分，是课程教学的重头戏。搭台子唱戏，合奏才能谱出美妙的乐曲。在教学中，教师要把学生的学习积极性、内在情感调动起来，让情绪调节贯穿整个心理健康教育课程。心理健康教育课程的教学方法具有多样性。比如，体验式教学法，创设情境让学生仿佛身临其境；又如，案例教学法，结合大学生的心理情绪案例进行教学分析；再如，讨论教学法，以学生为主体、教师为主导的现代化课程依然是新时代心理健康教育课程的主流，能够激发学生思考，活跃课堂氛围。

此外，大学生心理健康教育课程的教学方法还有讲授法、探究法、谈论法、演示法、练习法、实验法、情景表演等，教师可根据课程需要选择最佳的教学方法。同时，针对心理健康教育的特殊性，教师可以采用大学生团体辅导训练的形式开展心理健康教育，制定关于情绪管理主体的团体训练，发挥朋辈教育的影响，利用各种适当的心理游戏和心理测验，提升大学生积极情绪体验。

在新媒体时代，教师还可以利用网络媒体资源为课程服务。疫情防控期间，网络信息技术作用的体现尤为明显。这次疫情给教育教学带来巨大冲击的同时也促使课程进行强有力的教学改革，促进教师转变教学理念、学生转变学习观念，发挥网络信息技术优势，采取线上直播教学手段，建立课程教学资源平台，向学生提供丰富的学习资源，以及提供在线指导课程教学的服务。在线下课程中，教师也可利用多媒体信息技术服务学生，采用线上线下相结合的混合式教学，促进教与学的转变，同时发挥多媒体的基本功能，在课程中采用视频、图像、动画、声音、图片等相结合的方式，活跃课堂氛围，提高学生的学习积极性。针对较为前沿的专题，可以邀请专家开展相关讲座，对理论与实践进行更深入的探讨。

总之，面对多样的教学方式方法，课程教学应具体问题具体分析，以更好发挥心理健康教育课程培养大学生情绪调节能力的功能。

（二）消极情绪及其调适教育

1. 抑郁情绪

抑郁症又叫情感感冒，是导致全球疾病的一个重要因素。如果感到沮丧，可以采取下面几种方式来调整。

（1）培养兴趣

平时有意培养自己的兴趣，在心情不好的时候，可以做些别的事，如听歌、听一段相声、看一部喜剧片，让自己充满活力，不要有沮丧的时候。

（2）适当地锻炼

在学校里，大学生的生活以学习为主，所以他们的大脑活动较多，身体活动较少。在体育活动中，大学生能够全神贯注，专注于当前，并能在运动中增加与他人交流的机会，从而减轻压力，有效地消除轻微的抑郁。

（3）一夜好眠

好的睡眠可以消除疲劳，可以帮助你维持一个好的心情，也可以让你远离沮丧。在入睡前，不能看枪战类、侦探类、恐怖类等具有强烈刺激的电视剧、电影和小说。在睡觉之前，可以想象一些舒适的、美好的画面，这样可以使你平静地入睡，帮助你改善睡眠。

2. 焦虑情绪

焦虑是一种很常见的情绪，任何人都会有。我们要意识到，焦虑是一种异常的反应，但适度的焦虑并不需要回避，它会让一个人的行为变得比平时更好。比如，一个人在适当的压力下，可以激发他的学习和工作潜力。当焦虑达到一定程度时，则需要调整。

一般来说，焦虑的形成与个人的认知有关，所以可以通过以下几个步骤来调节自己的焦虑：①了解自己恐惧的对象和理由；②分析自己所恐惧的事情可能会发生的最坏情况，以及自己能不能忍受；③当其他人面对同样的情况时，他们会怎么应对，自己能从这些情况中学到什么；④在最糟糕的情况发生之前，自己能做些什么。另外，可以通过放松练习来缓解焦虑情绪。

3. 冷漠情绪

冷漠也是一种常见的情绪，它是一种对身边的人或物漠不关心的负面情绪。大学生的情感特征是情感丰富，对周围的事情有浓厚的兴趣，对周围的一切充满了热情。而在现实生活中，部分大学生表现得很淡然，他们不在乎自己的学习成绩，不喜欢参加集体活动，也不喜欢自己的未来，每天都在浑浑噩噩中度过。

通常，"漠不关心"是指因逃避挫折而产生的一种退缩心理，具有强烈的自卫色彩。冷漠的人，外表看起来冷漠无情，与世隔绝，但其实他们的内心深处渴望与别人交流。冷漠情绪的形成与个人成长环境、个人经历、性格特征等因素相关，如缺乏家庭温暖、人际关系淡漠、缺乏基本的人际关系信任。

冷漠情绪不仅会影响个人的身心健康，而且会妨碍个人的全面发展。所以，我们要深刻认识到冷漠的危害，剖析其成因，改变观念，采取主动的措施，加强与他人的交往，构建起一个和谐的人际关系和社会支持体系，改变消极心态，积极参与各种活动，营造健康、幸福的人生。

4. 自卑情绪

对于那些有自卑情绪的学生，主要从认知层面进行调整，首先要让他们明白"没有人是完美的"。其实，每个人都有缺点，总把自己的缺点和别人的优点放在一起，难免会觉得己不如人。因此应积极发展自身优势，不因自身能力的缺陷而否定自身的价值。

（三）常见的消极情绪调适方法

1. 理性情绪疗法

（1）理性情绪疗法定义及研究现状

理性情绪疗法（REBT）是由美国心理学家阿尔伯特·艾利斯于20世纪50

年代创立的。理性情绪疗法的治疗整体模型是"ABCDE",是在艾利斯的 ABC 理论基础上建立的。艾利斯认为人们的行为不是由特定的事件所直接引起的,而是由个人对这个事件的不正确和非理性的认知引起的,最终导致了个人在这个特定情景下的行为后果,这就是 ABC 理论。

国外对理性情绪疗法的研究,多用于心理学和医务工作方面。有学者将理性情绪疗法用于对功能失调性愤怒的个案工作研究,在 3 周以后,个体的幸福感和愤怒控制能力有所提高,并且在根据理性情绪疗法进行的课程结束以后,个体的愤怒情况有所缓解。该学者在研究中提到,非理性情绪与焦虑情绪和压力等具有一定关系,并且运用理性情绪疗法能够帮助个体缓解压力并改善不良情绪,提升自身幸福感。韩国学者杨智媛等于 2020 年在对女学生暴饮暴食现象的研究中运用了理性情绪疗法,根据研究结果发现该计划的效果是十分明显的,并且运用理性情绪疗法来治疗暴饮暴食和相关的情感认知障碍问题,能够防止女大学生饮食失调问题的进一步发展,这种干预最终有助于提高女大学生的生活质量。对有视力障碍学生的价值体系运用理性情绪疗法进行研究,得出的结论是理性情绪疗法能够帮助有视力障碍学生改善负面个人价值体系。在青少年社会工作领域,史蒂芬和戴维德对 88 名青少年进行了关于抑郁症的对照治疗实验,在实验完毕之后发现使用理性情绪疗法是有效的。

国内在学校社会工作领域的研究中会运用较多的理性情绪疗法:夏启双、贾颖在研究中把理性情绪疗法运用到提升大学生的抗逆力上;吴九君将理性情绪疗法与大学生心理和谐、抗逆力、总体幸福感及抑郁的改善相关联;卢青青将理性情绪疗法用于介入一名有抑郁倾向的研究生,以改善她的抑郁情绪;王秀希、许峰、任云的研究内容为复原力和大学生负性生活之间的关联问题,研究结果显示理性情绪疗法对于解决大学生负性生活事件带来的心理问题,提升大学生的复原力具有关键性作用;张文娟在《大学生情绪管理的意义与对策分析》中也提到理性情绪疗法可以帮助大学生进行积极和健康的情绪管理以及帮助大学生走出负面情绪。针对社会工作的实务而言,夏启双、贾颖整合了理性情绪疗法和抗逆力理论的特点,将个案社会工作的方法代入其中加以使用,这样一来就能够扩展个案工作的理论视角,并且这种方法简单,容易上手,在结案以后学生也可以根据自身的经历,在以后面临相同的问题时继续使用。

(2)非理性情绪的特征

通过分析日常生活中的一些具体情况,我们不难发现人的非理性情绪常常具有以下三个特征。

一是绝对化的要求,是指人们常常以自己的意愿为出发点,认为某事物必定发生或不发生。它常常表现为将"希望""想要"等绝对化为"必须""应该"或"一定要"等。例如,"我必须成功""别人必须对我好"等。这种绝对化的要求之所以不合理,是因为每一客观事物都有其自身的发展规律,不可能依个人的意志而转移。对某个人来说,他不可能在每一件事上都获得成功,他周围的人或事物的表现及发展也不会依他的意愿来改变。因此,当某些事物的发展与其对事物的绝对化要求相悖时,他就会感到难以接受和适应,从而极易陷入情绪困扰。

二是过分概括化,这是一种以偏概全的不合理思维方式的表现,它常常把"有时""某些"过分概括化为"总是""所有"等。用艾利斯的话来说,这就好像凭一本书的封面来判定它的好坏一样。它具体体现在人们对自己或他人的不合理评价上,典型特征是以某一件或某几件事来评价自身或他人的整体价值。例如,有些人遭受一些失败后,就会认为自己"一无是处、毫无价值",这种片面的自我否定往往导致自卑自弃、自罪自责等不良情绪产生。而这种评价一旦指向他人,就会一味地指责别人,产生怨愤、敌意等消极情绪。我们应该认识到,"金无足赤,人无完人",每个人都有犯错误的可能性。

三是糟糕至极,这种观念认为如果一件不好的事情发生,那将是非常可怕和糟糕的。例如,"我没当上经理,不会有前途了"。这种想法是非理性的,因为对任何一件事情来说,都会有比之更坏的情况发生,所以没有一件事情可被定义为糟糕至极。但如果一个人坚持这种"糟糕"观时,那么当他遇到他所谓的百分之百糟糕的事时,他就会陷入不良的情绪体验,从而一蹶不振。

因此,在日常生活和工作中,当遭遇各种失败和挫折,要想避免情绪失调,就应多检查一下自己的大脑,看是否存在一些"绝对化要求""过分概括化"和"糟糕至极"等不合理想法,如有,就要有意识地用合理观念取而代之。

(3)理性情绪疗法的实施阶段

①了解理性情绪疗法。在开始运用理性情绪疗法进行个案服务之前,教师需要向学生解释理性情绪疗法,让学生能够对理性情绪疗法有一定程度的了解,以便后续进行服务;并且在与学生的交谈过程中,教师应引导学生渐渐剖析自己所有的非理性情绪,逐渐认识到自身的负面情绪,使得学生能够更加接纳自己的非理性信念,并且能够更好地进行配合。

②焦虑问题的诊断。焦虑问题的诊断是理性情绪疗法的第二个阶段。例如,学生主要面临的是某种焦虑的消极心理问题,心理诊断也就意味着对学生的焦虑问题进行诊断。根据ABC理论,焦虑问题不仅仅是一件事引起的,更是和非理

性信念分不开的，因此教师要从焦虑问题的根源入手，进行深度挖掘，帮助学生理清自己身上存在的所有非理性信念，也方便在以后的服务中更加全面地帮助学生解决问题。

③领悟。教师应带领学生找到自身的非理性情绪产生的根源，并且帮助学生领悟到正是这些错误的负面的想法才导致他们出现焦虑问题，产生非理性信念，只有这样才能使学生下定决心摒弃非理性信念，才有可能摆脱目前的困境。

④辩论干预。辩论干预是理性情绪疗法的第四个阶段，在这个阶段对学生的非理性信念进行逐一的辩驳。这一阶段是理性情绪疗法的关键性阶段，目的是让学生明白自身的非理性信念是不可取的，是不正确的，是对自己不利的，帮助学生放弃自己的非理性信念。教师要不断引导学生发现自己的非理性信念并与之辩驳，帮助学生理清自己的理性信念并进行加深。

⑤角色扮演。角色扮演是理性情绪疗法的第五个阶段，在服务过程中，教师要让学生进行换位思考，学生需要站在教师的角度，以教师的非理性思维对自己发问，并从教师的角度进行辩驳，这个过程就是利用角色扮演的方法让学生对自己的非理性信念进行更加深入的否定，让学生自己来推翻自己的非理性想法，有利于学生将理性的信念深深地扎根于脑海中。

⑥非理性情绪的改善。理性情绪疗法中的第六个阶段又称为再教育阶段，这个阶段的主要任务不仅是帮助学生推翻之前的不合理信念，而且要帮助学生树立理性的信念，让学生正视一切问题，学习理智地思考，快乐地面对生活。并且在这个阶段的结束部分，教师要帮助学生对自身所有的观点做一个总结性的思考，让学生能够彻底地摆脱非理性信念的纠缠。

⑦巩固治疗效果。最后，进入了理性情绪疗法的最后一个阶段——巩固治疗效果阶段，这一阶段的主要目的就是将前六个阶段的效果进行一个总结，并且加深整个理性情绪疗法的服务效果。在这个阶段，教师要运用到一些特殊的技巧，帮助学生在整个治疗过程中形成一种新的思考方式。这种新的思考方式不仅仅要在治疗过程中使用，在未来的生活中也要使学生逐渐熟悉并学会运用，这样才能真正地帮助学生解决问题，达到最好的治疗效果。

大学生运用理性情绪疗法时要把握三点：第一，要认识到不良情绪不是源于外界，而是自己的非理性信念所造成的；第二，情绪困扰得不到缓解是因为自己仍保持着过去的非理性信念；第三，只有改变自己的非理性信念，才能消除情绪困扰。

2.音乐调节法

在国外，音乐调节法已应用到了治疗精神病、抑郁症、焦虑症等病症上。音乐影响情绪的机制有四个方面。

（1）音乐线索一致性

该机制是用来阐述音乐与情绪之间传达线索的一致性。在该模型中，欣赏者内部音乐符号表征与作品本身的音乐符号表征相一致时，音乐与欣赏者才能实现有效沟通。此过程主要包含四个因素：音乐活动自身特征（调式、旋律等）、表演者的表现（快慢、音质等）、欣赏者的特征（年龄、文化程度等）、欣赏场景因素。

（2）音乐期待

该机制是指以欣赏者为主观因素来研究音乐对情绪的影响。如果欣赏者对音乐的期待程度与音乐表达的情绪匹配度较高，那么欣赏者就感到愉悦和放松，就容易引发积极情绪，反之则容易引发消极情绪。

（3）协同化理论

可用共情理论的概念来说明音乐情绪的影响效果，即欣赏者体会到了音乐作品所要表达的情感，并与其产生了情感共鸣的效果。比如欣赏者在欣赏音乐活动时，会不自觉地跟随音乐的节奏和速度变化一些行为或动作，而由此产生的行为或动作又会通过肌肉运动反馈给大脑，进而影响其情绪、情感。

（4）多重机制

多重机制包括脑干反馈、节奏同步、评价调节、情绪感染、视觉想象、情景回忆和音乐预期七种加工机制。有学者认为，在聆听音乐时情绪被诱发的过程中，可能产生了多重机制，这七种机制相互制约、相互抗衡。

总之，从以上四种音乐影响情绪的机制可以看出，在具体的场景中，大部分所谓的音乐都是以活动的形式呈现的。例如，音乐欣赏活动或音乐表演活动等比较容易引发积极情绪，并且比较容易缓解消极情绪。

音乐影响积极情绪的心理学与生理学基础理论主要有以下两个方面：①音乐影响积极情绪的心理学论证——诱发理论。诱发理论是音乐引发情绪的心理学论证，该理论是英国心理学家贝里尼最先提出的。积极情绪的影响诱发方式有两种，一种是渐进式诱发，指个体的情绪体验随着诱发方式的增强而增强，直到达到最高点而引发积极情绪；另一种是亢奋式诱发，指个体的情绪被迅速激活到峰值后，随后在这种刺激减弱后所感知到的一种类似劫后余生后放松下来的积极情绪。欣赏者会从音乐活动中感知音乐所期待表达的情绪，比如欣赏者听到乐曲时感到愉悦，是因为乐曲引发欣赏者产生了愉快、高兴的感觉，而不是因为它让欣赏者愉悦。总体上，音乐的诱发理论是以欣赏者为主体角度的，这一理论更可能用来解释音乐对欣赏者产生影响，进而引发欣赏者相关的情绪情感，而非只针对音乐活动本身等。②音乐诱发积极情绪的生理学论证——维度模型理论。著名的音乐诱发情绪模型中，音乐和情绪变量是连续的、渐变的，而不是固定不变的；曲线两端的每个因素都会影响被引发情绪的程度，例如，积极或消极、强或弱。后来研究者在音乐诱发情绪模型的基础上添加了欣赏者对音乐的评价维度，即欣赏者对音乐作品的接纳程度，提出了音乐诱发情绪的二维度模型。如果欣赏者在欣赏音乐作品时未引发出积极情绪，那么其对音乐作品的评价也会倾向于拒绝；而随着积极情绪的诱发，欣赏者对音乐作品的评价也逐渐趋于接受，到达顶点后，评价水平又会逐渐下降。

音乐调节情绪的曲子可以根据情境进行选择，如忧郁烦恼时可以听《蓝色多瑙河》《卡门》《渔舟唱晚》等意境广阔、充满活力、轻松愉快的音乐；失眠时可以听莫扎特的优雅宁静的《摇篮曲》、门德尔松的《仲夏夜之梦》等乐曲；情绪浮躁时可以听《小夜曲》等宁静清爽的乐曲。每个人都可以根据自己的情绪状况，选择适合的音乐来调节自己的情绪情感状态。

因此，在利用音乐调节法进行消极情绪调适教育时，可以采取如下措施。

①学校可鼓励教师将音乐活动融入积极心理健康教育课程。将音乐活动与积极心理学理论相结合的心理健康教育，在对学生积极情绪产生正向影响的同时又带给他们审美的体验。它对学生没有特定的要求限制，参与的音乐活动操作性强，易于掌握。教师设计的音乐活动并非专业的音乐课内容，更非音乐治疗，关键在于配合调动起学生的积极情绪，并且对心理教师无过多乐理知识的要求，略懂一些音乐常识即可。

因此，在设计基于音乐活动的心理健康教育课程时，教师应注重进行一些基础性的、能激发学生积极情绪的研究。第一，音乐活动内容与心理健康教育内容协调一致。教师应根据课程不同单元，进行合理的音乐素材的选择，采用生动活泼的方式开展课程活动。不同旋律的音乐会激发学生的不同情绪，如舒缓的音乐可以抚慰学生的心灵，达到安抚情绪的作用；节奏感强的乐曲可以激活学生的内在动力，使其产生积极的愉悦心情；斗志昂扬的音乐可以取代消极情绪唤醒积极情绪，并达到情感的共鸣。舞蹈和打击乐器的选择同样遵循这样的规律。这样学生可以在音乐活动中更多地体验快乐，获得积极情感认知，提升积极心理品质。第二，音乐活动内容与学生的年龄特征相匹配。音乐活动这种心理辅导方式趣味性多、参与性强，容易激发学生活泼好动的天性，他们的年龄特征也决定了他们适合参与这种形象生动的音乐活动心理课。因此，课程设计要符合这一时期的学生的年龄特征。乐曲、歌曲等音乐活动的选择要适合学生且易于被他们理解和接受，同时要注意灵活性和可操作性。音乐器材的选取也要适合学生。

②教师在教学中应对学生积极情绪培养给予充分的关注。随着积极心理学在我国的兴起，近年来积极情绪水平的发展已经被教育工作者所关注。学校积极心理健康教育应以学生为主体，而教师则应该在课程实施中时刻关注学生情绪的变化，特别是积极情绪的变化，并科学合理地激发和培养学生的积极情绪，使其改变行为方式、增进身心健康，从而提高学生的心理健康水平。笔者通过调查发现，部分学生厌恶学习，他们感觉学习很痛苦，但又不得不坚持，缺乏足够的学习动机，更体验不到学习的乐趣。因此，突出培养积极情绪的心理健康教育课程能帮助学生缓解学业压力，在教学活动中使学生体验到学习的重要性，并引导他们寻找有意义的学习方式，感悟学习的真谛，使他们向着乐学、爱学的方向发展，在学习效率得到提高的同时，也促进了积极的心理品质。教师作为教学实施的引领者，应该能看到学生的情绪差异，寻找学生的闪光点，从而激发学生的积极行为，使学生愉快地投入学习，有效提高学习效率。

③应重视积极的心理健康教育观念。积极心理学为心理健康教育的研究领域提供了一个新的理论导向，利用积极的力量来探索并发展人的潜能，培养学生积极的心理品质。这也同样符合心理健康教育的目的。从积极心理学的视角来看，人的潜能在乐观、积极的情绪体验中更易被挖掘并得到充分发挥。

一方面，学校应重视积极心理健康教育的预防性作用，而将积极心理学引入课堂对学生进行积极的心理健康教育正是预防学生心理问题的一项有效举措。学校应从学生的优势出发，通过相应的课程培养学生积极思考以及发掘自身优势的能力，并从活动中激发学生积极的情绪和情感体验，提升其积极的心理品质。同时学校需要不断开展积极心理健康教育的实践活动，以使发掘、体验和提升成为一个良性循环，从而有利于学生保持这种积极的情绪体验并逐步形成健全的人格。

另一方面，学生家长要承担起学生的积极心理健康教育工作。虽然学生大部分时间都在学校，但积极心理健康教育也需要家长的密切配合。因为积极心理品质的培养是一个潜移默化的过程，家庭教育也起着至关重要的作用。家长应该多理解孩子学习的辛苦，多关注孩子身上的闪光点，而不是一味地看分数、要分数。除此之外，还要使孩子懂得感恩，理解父母的辛苦付出。亲子之间充分沟通、相互理解，会使积极心理健康教育的开展顺利进行。

3. 适度宣泄法

管道堵塞，若不及时疏通，终有一日会破裂；情绪亦是如此，若不能及时发泄，积压在心中，便会逐渐累积，最后造成情感上的崩溃。发泄情感的方式有很多种，最常用的七种方式就是哭、笑、喊、说、听、写、动。及时地放声大哭，让泪水冲刷你内心的悲伤；大笑，微笑，放松你的肌肉，放松你的神经；大声叫喊，让自己的怒火得到最大限度的宣泄；找到一个可以信赖的人，把自己的不开心都倾泻出去；用笔墨和绘画来宣泄自己的情绪；用行动来宣泄自己的情绪。

4. 自信心训练法

要积极自信，从容不迫地去做事。要认识自己的强项和弱项，这是建立自信的第一步。在你做任何事情的时候，都要全力以赴，尽可能地把你的烦恼降到最低。遇到一时的挫折，不能退缩，要想办法克服。一些成功的经历可以增加你的自信心，从而让你从因为缺少自信的情感中解脱出来。

5. 自我暗示法

心理暗示在一定程度上影响着人们的认知与判断。自我暗示分为正面的自我暗示和负面的自我暗示，前者使人自信、乐观，后者使人沮丧、悲观。所以，我们应该学习使用正面的自我暗示，以消除负面的自我暗示。尤其是那些有低人一等想法的学生，可以不断地在心中默念"我能行""我能做好""我会做好的""我会成功的"，或是把它们记录下来，或是在荒郊野外高声呼喊。这在某种程度上有助于克服自卑，消除怯懦。

6. 注意力转移法

注意力转移是指将注意力从负面的情感转向正面的情感。当负面情绪产生时，可以用一种新的方式来分散注意力，通过激活新的刺激中心，消除或淡化原有的兴奋中心，从而让坏的感觉慢慢消失。比如，听音乐、做运动、感受自然、参与一些有趣的活动，不要让自己有太多的时间沉溺于各种原因造成的负面情绪中，从而达到心理上的平和。

7. 放松训练法

放松训练法是一种通过训练来学习身心放松的方法，主要有深呼吸、肌肉放松训练、冥想放松训练等。放松训练能缓解和消除焦虑、恐惧、紧张等不良情绪。

第二节 积极人格教育

一、积极人格教育的概念界定

（一）人格教育的概念

"人格"是一个人内在品质的外在表现，是内在本性与外在品性的有机结合。笔者借助高等教育学的学科视角，得出人格具有独特性和稳定性的特点。完善人格意指个体在学习中不断认识自我、提升自我，使之成为人格健全且完善的人，这也是新时代教育目标在个人微观层面得到落实的深层根基和必然要求。

高等教育的实质就是通过传授知识，启发大学生心灵，锻造大学生品德，从而提高大学生的综合实力，塑造大学生人格健康，进而成为对社会和国家有用的栋梁之材。积极人格教育，是当代高等教育的重点培育方向之一。积极人格，本质在于完善人的道德品质、培养公民健康人格，既是教育的本质要求，又是新时代教育工作目标的深层根基。新时代我国教育发展方向是由学校、家庭、社会和网络共同构成完整的教育生态系统。积极人格教育，不仅仅是教育工作者的职责，也是每个家庭和父母的应尽义务，更需要社会各界共同努力。

我国发展进入了新时代，高等教育也随之处于新的发展阶段。习近平总书记针对教育提出了"以凝聚人心、完善人格、开发人力、培育人才、造福人民为工作目标"的新论述。高校作为培养人才的主阵地，不仅要强化学生的专业知识水平，培养学生的能力，更要提升大学生的思想观念、政治觉悟、道德素养等。所以，高校应以培养大学生完善人格为目标整合高校教学工作。

人格教育是指高校以和谐、全面、健康的方式进一步开展学生人格教育，塑造学生优秀人格，培养学生人格品质。积极人格教育是高校人才培养的重要教育之一。高校积极人格教育已然成为高校切实需要，也是当代大学生发展的必要。

遵循高等教育的发展规律，结合党的教育方针，高校积极人格教育应当加强理想信念教育，以大学生全面发展为宗旨，从而将大学生培养成为具有完善人格、独立思辨且信念坚定的人才。高校还应当把社会主义核心价值观积极融入教学活动，深入开展德育，培养出有责任担当、高尚品行和完善人格的高水平人才，为我国发展提供强大的人才支撑和智力支持，造就担当民族复兴大任的栋梁之才。同时坚持文化育人，社会主义先进文化为高校开展积极人格教育提供了思想引导和精神文明的精神支撑。高校要在潜移默化的教育中使大学生成为具有完善人格和卓绝才能的新时代人才。

（二）积极人格教育的概念

积极人格教育是能够高效率地培养积极人格的教育。其目的就是高效地培养出更多高素质的人才，在中国特色社会主义理论和马克思主义基本原理、有机哲学和建设性后现代等先进哲学思想、先进教育理论指导下，把现代的心理学，尤其是以和现代心理学相关的一系列研究心理的学说等为心理学的核心，充分利用现代信息理论与技术等一切积极力量，帮助学生积极学习、蓬勃发展、幸福生活，充分激发生命潜能，有效培养学生的积极人格。"做积极人""积极育人"分别是积极人格教育的特征及其基本理念。

首先，"做积极人"不论是教师还是学生，都要乐观向上、积极有为，将做好自己、做最好的自己作为第一责任。对教师来说，要主动地对教学艺术教学规律进行探索，要对学生进行主动的关爱，要主动地对自己的积极人格进行修炼，要在极具责任心和热情的基础上展开高质量、高效的教学。对学生来说，要积极地接受教师的引导，积极地学习，积极地探索问题，积极地寻求更多的知识来塑造自己的价值观，对自己的各项品质进行主动的提高，完善积极人格。

其次，"积极育人"是培养的过程，是高效且积极的，从开始到结束，积极价值观都贯穿其中。此外，乐观的解释风格和积极的培养心态也时刻存在于这一过程中。事物的存在取决于事物的生成，让事物朝着积极方向不断发展。积极人格教育，以积极人格作为最终成果。

最后，"积极育人"揭示的是积极人格教育的宗旨，积极人格教育以打造充满正能量的社会主义的可靠接班人为目的。学生积极品质和积极人格的生成水平是检验和评价积极人格教育有效性的根本指标。

二、积极人格教育的主要内容

（一）立德树人

网络以不可阻挡之势占据了大众生活，吸引了大众目光，多元化的思潮伴随着网络的发展而逐渐丰富，一场意识形态的"战争"在网络中打响。错综复杂的网络环境，使这场没有硝烟的"战争"极具挑战性，如何在网络中占据舆论的高地是当前网络治理的重要课题。意识形态工作对我党和国家而言极端重要，关乎我国下一个百年的发展。立足当下重要使命，强化意识形态发展是实现总目标的根本保证，具有深刻的时代价值。

高校是意识形态教育的主要阵地。立德树人于党的十八大提出，至此立德树人就被作为教育的根本任务和中心环节，是高校重要的教育目标。在网络时代，立德树人为高校培养方向提出了明确的发展道路，同时为高校积极人格教育奠定了坚实的教育基调，实为高等教育的重要创新。

立德树人对高校积极人格教育的指导具有深刻的时代意蕴。大数据时代的逐步发展，使得意识形态的斗争愈演愈烈，各种文化和思想的交融交织并不利于大学生人格养成，不利于大学生全方位地发展，甚至给大学生的成长成才之路带来不可逆转的偏差。立德树人的提出为高校积极人格教育指明了方向，提供了理论遵循，为人才培养提供了强大的动力支持。立德树人不仅要融入思想道德教育环节，更要融入文化知识和社会实践，力求培养出德才兼备的高素质人才。如何在当前时期培养出具有大爱大德大情怀的青年学生是高校的一项重要课题。立德树人为高校大学生价值观的确立提供了正确方向，增强了大学生对主流价值观的认同，满足了大学生崇德向善的期许，激化了大学生人格塑造的决心，为高校进一步开展完善人格教育夯实了基础。

高校在实施积极人格教育的过程中要牢牢把握立德树人的总标杆，以此为积极人格教育的切入点，确保教育方向的正确性。开展积极人格教育要用科学的理论成果丰富学生精神世界，将社会主义核心价值观转化为不可撼动的理想信念植根于大学生头脑之中，用积极的思想确保大学生对党和国家的赤胆忠心。

不仅如此，还要用先进的事迹激励大学生，以道德榜样为大学生树立完善人格的表率，以此来拓宽大学生人格修为的广度，将积极人格教育于无形之中固化于大学生心中。高校积极人格教育以立德树人为理论依托，极大程度上改变了高校德育的固有传统，增强了大学生的认可度和接受度，从而在网络时代的熏陶下使得大学生能保持自我人格的完善和对主流价值观的坚定。

（二）劳动教育

随着教育理念的更新，传统的只注重理论知识的教育方式已被淘汰，在新时代，培养学生的综合能力和健全人格成为教育的主题，为此，劳动教育应运而生。劳动教育不是简单地进行身体锻炼，而是要让学生在掌握基本的劳动知识和劳动技能基础上进行体力劳动、脑力劳动、创新劳动和公益活动等。针对青年群体出现的不珍惜劳动成果、不劳动和不会劳动等现象，中共中央、国务院发布的《关于全面加强新时代大中小学劳动教育的意见》中指出："劳动教育是国民教育体系的重要内容，是学生成长的必要途径，具有树德、增智、强体、育美的综合育人价值。实施劳动教育重点是在系统的文化知识学习之外，有目的、有计划地组织学生参加日常生活劳动、生产劳动和服务性劳动，让学生动手实践、出力流汗，接受锻炼、磨炼意志，培养学生正确劳动价值观和良好劳动品质。"劳动教育作为新时代大学生健全人格形成与完善的重要途径之一，需要家庭、学校和社会三者的协同与整合。

①在家庭方面。要鼓励孩子参与适当的家庭劳动，包括洗衣做饭，从小锻炼孩子的生活能力、劳动技能。

②在学校方面。要开设劳动教育课程，教育学生树立马克思主义劳动观，针对劳动知识和劳动技能的教学制定严格的考核体系，将劳动教育成绩纳入综合考评。组织寒暑假劳动实践，设置专门的劳动教育奖项，激发学生参与劳动教育的热情。

③在社会方面。政府要组织企业、福利机构为大学生提供一定的岗位支持，促使大学生将劳动知识与劳动实践相结合，在劳动中增强体质、磨炼意志，实现自我个体与社会的适应。良好的生理机能是个体从事其他活动的前提与基础，因此，大学生健全人格培育工作的开展要注重激活培育新动能即进行劳动教育。

(三) 网络引导教育

1. 更新网络时代高校人格教育理念

网络时代的不期而至，信息化社会的纵深发展，使高校育人格局产生了深刻的变化，从而带动了教育方式和教学关系的改变。网络社会如万花筒般吸引着当代大学生，使其热衷于网上冲浪，同时互联网"肆意"对大学生的思想观念和价值取向进行着深刻影响，在无形之中影响了部分大学生人格的塑造。针对此种情况，高校更新教育理念势在必行，特别是对网络时代人格教育理念进行革新和创新，力图适应大学生的人格发展。人格教育能够有效开展的前提就是教育理念的指引，理念是行为的先导，当理念被大学生认同之后，就能够转化为自觉的行为，真正达到思想的实践性显化，增强现实的实效性。网络时代高校人格教育理念的更新可以与多种学科理论进行交流借鉴。

2. 优化网络时代高校人格培养方式

高等教育的培养方式应紧随时代发展做出对应的调整，使培养的人才符合社会发展的需要，符合国家对人才的要求。在网络化不断深入发展的过程中，多元文化的交织逐步渗透到当代大学生的思想中，其中不良思想的影响对其价值观的构建产生了不小的冲击，对人格塑造带来负面影响。

网络的丰富多彩衬托出课堂教育的趣味性较低，单一乏味，致使部分大学生不能专心致志地听课，特别是和意识形态领域相关的课程。立足于网络时代，高校需要优化完善人格教育培养的方式，依据当代大学生的人格特性，遵循人格发展的规律，对大学生人格进行塑造。

3. 提高网络时代学生人格自律意识

自律代表着积极向上的人格力量，是对人格的进一步升华。网络时代人格自律是当代大学生在虚拟空间行为中的自我约束和自我管理，把现实的客观要求转化为对自我的要求，是从他律逐渐转化为自律，是对主流价值观高度认同的具体体现。

互联网信息多元且复杂，除高校积极教育及加强引导外，还需要大学生提高自身的自律意识和加强对自我的人格教育，激发自身的内驱力，促进完善、独立和健全的人格形成。在网络时代，大学生提高自我的人格自律意识，不仅有助于自身修养的塑造，同时也有利于建立风清气正的网络社会。

4. 改善网络时代虚拟空间环境

网络时代虚拟空间混杂着各种各样的文化思潮和利益冲突，网络环境错综复杂，不同程度地影响着大学生的学习和生活。在虚拟空间，网络的隐匿性、虚拟性等致使网络不良现象产生，网络社会亟须治理。

（四）健全人格自我塑造教育

在大学生健全人格培育过程中，大学生自身是内因，大学生之外的一切因素是外因。在健全人格培育过程中，大学生既是教育的对象又是教育的主体。因此，在开展大学生健全人格培育工作的过程中，要注重鼓励大学生进行健全人格的自我塑造。

1. 养成健康的行为习惯

大学时期是大学生身体发展较快且具有巨大潜力的时期，同时在这一时期大学生也面临着较大危险。大学时期的发展对于大学生今后的健康发展和人格的塑造有着长期的、正反两方面的影响,因此,大学生不能被动接受来自社会、家庭、学校的教育,而是要主动加强健康相关理论知识的学习提升道德素养、坚持进行身体锻炼、养成良好的生活习惯,为健全人格的形成提供可能性。一个人一生的发展状况与其思想和行为密切相关。为此,大学生要主动培养自身健康行为。

(1) 坚持锻炼身体

世界卫生组织倡议青少年每天至少进行 60 分钟的体育活动,保持健康的体魄,所以大学生要主动锻炼身体,参加各种体育活动,掌握基本的体育知识与技能。

(2) 合理安排时间

时间管理是每个人的人生必修课,合理高效地利用时间能使大脑与神经系统的抑制与兴奋交替进行,久而久之在人的大脑皮层形成有助于身心健康的动力定型。所以大学生要养成早睡早起的习惯,每天睡眠时间不应少于 7 小时,午睡时间不超过 30 分钟,劳逸结合,在课余时间多参加文体活动,以缓解疲劳,使身心得以放松。

(3) 合理膳食

大学生离开父母,进入大学以后,有必要合理安排自己的生活,包括学习、生活、饮食等多个方面。大学生要合理膳食,进行营养、全面、均衡的膳食,杜绝垃圾食品,做到吃饭定时、定量,不挑食。

大学生在大学时期的发展存在着无限的可能性,并对以后的发展和健全人格的完善有着长远的影响,因此,大学生要增强自我意识,合理规划自己的生活、学习,保证在大学阶段养成健康的行为习惯以形成健全的人格,做符合时代要求与时代发展的新青年。

2. 培养积极的情感体验

个体先天生理因素是人格形成不可缺少的物质基础。一般认为,人的先天气质特征是后天人格形成的基础。某一种气质总是更有利于其相应人格特征的形成,而人格的形成主要依赖于后天的社会生活经验。正是因为不同的人有着不同的社会生活经验,人与人之间才会出现性格上的差异。积极心理学认为丰富个人的积极体验,培养个人自尊是培养个人修养、积极人格最重要的途径。

积极的情感体验不是他人给予的,而是学生通过自己不断的努力和创造获得的。培养大学生积极的情感体验可以通过让学生记录成就感来进行,可以将每周成功的体验和成功的事件记录下来,让学生反复阅读总结成功的经验,从这些成功的经验中提升自己的自信心，发挥自身的优点，克服自身的缺点，在这个记录的过程中，使学生逐渐养成记录的良好习惯，改变看问题的思维角度，增加正能量。

3.培养良好的学习习惯

大学阶段是个人成长的重要阶段，也是大学生进入社会的最后准备阶段。大学生的学习具有专业性、自主性、实践性和探索性。

专业性主要体现为学习内容的专业性。学校可以将大学生所学专业与就业需要和社会发展需要进行结合，促进大学生对专业技能的掌握，让学生明确自己的专业属性和职业特征，在就业时能够有目标地找工作，提高就业成功率和职业技能水平。

大学生的学习还具有自主性的特点，主要体现为大学生学习方式的自主性，学习时间、学习地点的自主性，这种自主性可能不高，所以教师应指导大学生进行学习时间管理，将一周学习目标计划好，明确学习内容，根据学习内容的重要性和紧迫性来排序，对计划有一个完成期限的设定，可以有效提高大学生的学习效率。

大学生的学习还具有实践性，实践性主要体现在社会实践和自主实践两方面。一般大学期间学生都会进行社会实践活动，例如，担任志愿者、学期末的实习等。学校应多组织社会实践活动，使大学生所学专业与工作岗位的需求相结合，提高大学生利用专业知识解决现实问题的实践能力。

大学生的学习还具有探索性，探索性主要体现在对所学专业职业方向的探索和对自己兴趣爱好的探索。学生积极地参与课外活动和校内的讲座，可以有效地开阔自己的视野，探索适合自己的职业领域。

4.养成积极良好的自我意识

自我意识是指"大学生个体对自身的认识以及对周围事物关系的各种体验，是认识、情感、意志的综合体"。个体积极良好的自我意识对健全人格的形成与完善起着极其重要的作用。一方面良好的自我意识是大学生人格独立的体现，另一方面良好的自我意识是维持人格发展连续性与稳定性的重要因素之一，"自我意识是人格意识的基础，人格意识是自我意识的最高发展"。相反，缺乏积极良好的自我意识，一个人就会出现自我定位不准确，目标过高或过低，以及眼高手低、自我矛盾等问题，因此，大学生作为自我健全人格建构的主体，要形成积极良好的自我意识，以正确评价自我，有效调节自我行为，从而朝着健全人格的方

第五章　积极心理健康教育的内容

向迈进。大学生积极良好的自我意识养成途径主要有以下几个方面。

首先，准确认识自我。一个人唯有在充分且正确认识自己的前提下，才能不断地发展和完善自我，为此，大学生要学会处理与人、与事的关系。"以人为镜可以明得失"，在与家庭、社会成员交往的过程中，大学生要虚心学习，以获得经验，并内化习得的经验。此外，大学生在做事情的过程中获得的经验价值也因人而异，成功或失败都是成长，大学生面对成功要戒骄戒躁，促进下一次的成功，面对失败要避免重蹈覆辙，吸取经验，改变策略。大学生要对成败进行分析、甄别以获得积极良好的自我意识。

其次，悦纳自我。大学生要学会尊重自己、爱惜自己，并且接受自己的缺点和不足。

最后，学会自我控制。自我控制是人主动地改变自己的心理品质、特征及行为的心理过程。控制自我是大学生养成积极良好的自我意识、完善自我的根本途径。因此，大学生要以顽强的意志承受挫折与失败，并朝着既定目标奋进。

积极良好的自我意识是大学生健全人格形成与完善的前提，因此，大学生要发挥主观能动性，在为人处世中，认识自己、习得经验、悦纳自己，在此基础上学会有效地自我调节，从而为人生价值的实现提供良好的心理素质支持，并为健全人格的形成奠定基础。

三、积极人格教育的重要价值

积极人格教育在实现中华民族伟大复兴的征程中具有重要价值与意义。

首先，积极人格教育是人民幸福和民族复兴的人格保障，所以积极人格教育是实现中华民族伟大复兴中国梦的基础，在实现中国梦的过程中我们肯定会面临前所未有的挑战和困难。培养充满正能量的以积极价值观和积极心态为"积极心"的积极人格，是振奋国人精神的有力途径，是增强国民发展能力的重要手段。另外，不论是从素质教育全面提升的角度来说，还是从教育事业进一步发展的角度来说，积极人格教育都是极为重要的，其本身和特色发展、和谐发展、全面发展等息息相关。积极人格教育，以充分激发人的主观能动性为根本，对人的生命潜能进行全面的发挥。接受这种教育是成为一个优秀的、可以为国家做贡献的人才的必要途径。

其次，从时代层面来看，积极人格教育具有明显的时代先进性特征。积极人格教育以更高层次的行为价值观和思维模式实现全面化的融合发展，培养综合素质水平高的人才。

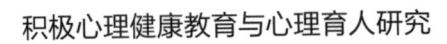

最后，积极人格教育能提高学生的发展水平，进而提高成就感和生活幸福感。提升学生的幸福水平，让他们更具智慧，更加文明、先进是积极人格教育非常重要的目的，对改善习得性无助感和学习焦虑来说具有极为重要的作用。

第三节 构建积极的社会组织系统

一、学校提供全方位多角度的社会支持

（一）教师的支持

学校要进一步扩展教师的相关职能，并由专职教师引领，全体教师渗透，发挥教师在大学生社会支持系统中的功能。我们常说"教师是人类灵魂的工程师"，而教育最崇高的目标就是将人引向真善美。而教师作为一种特定的职业对学生无论是在学习上还是在生活上、心理上都起到极大的引导作用，学校应着力提升教师及辅导员的心理健康教育水平，帮助大学生正确认识心理咨询、及时进行咨询求助。

（二）朋辈的支持

学校应充分发挥家人、朋友、同学在大学生社会支持系统中的作用。大学生获得的社会支持主要依赖家庭支持和朋辈支持，也就是说家人、朋友、同学等是大学生发生急难时最重要的支持主体。学校应该充分发挥朋辈的作用，帮助他们掌握一定的心理健康知识，积极引导并促使他们给处于困扰中的大学生提供有效的帮助和支持。

（三）校外的支持

学校应加强宣传教育，营造良好氛围，建立校内外多部门联合育人机制。

第一，学校应丰富为大学生提供社会支持的方式，针对大学生的心理特点，利用物质支持和心理支持双管齐下的方式，完善大学生资助体系和大学生心理教育及咨询服务等。

第二，学校除了开展必需的心理健康课程以外，还应该整合资源，持续推动高校心理健康辅导中心的建设，并为心理健康辅导中心配备专职的心理健康教

师，这些专职的心理健康教师影响着整个大学生社会支持系统的水平。学校应联合各级各类学校一起制定统一的心理健康课程标准，并联合社会资源，积极鼓励和支持专业的社会组织参与到大学生心理问题的引导和研究中，为大学生提供心理健康辅导服务。在经过对学生的心理健康辅导后，还应通过教师的观察与反映及时对疑似有心理问题的学生进行排查，为有心理问题的学生建立档案并进行进一步的心理干预辅导，且需追踪后续的干预效果，确保学生心理健康状况良好。

二、家长加强家庭支持意识

依靠政策制度发挥家庭功能作用，引导父母改变教养方式，提高家庭支持的"专业度"，充分发挥家庭支持的作用。近年来，国家高度重视家庭教育并出台了《关于加强家庭教育工作的指导意见》，其中明确提出了广大家长需全面学习家庭教育支持、增强家庭教育本领、完善家庭养育支持政策。《中长期青年发展规划（2016—2025年）》（以下简称《规划》）中也提出"强化家庭教育基础作用"。这些政策显示出，家庭作为大学生社会支持的主要来源，肩负重要的责任与义务。

所以，要想建立完善的大学生社会支持系统，政府应该将大学生家庭支持纳入政策考虑，如出台相关政策，开展家校联盟，让家长更了解学生在学校的具体情况，并引导家长注重自身良好素质的养成；开展一些对大学生与其父母的辅导和培训教育，加强父母对学生的社会支持意识，让父母知晓如何更好地发挥家庭功能作用以及什么样的教养方式可以最大限度地为大学生提供所需的家庭支持，也能提高大学生家庭支持的专业度。

三、政府完善政策制度保障及组织保障

社会支持系统应是一个全方位、多层次的社会体系。大学生获得的社会支持专业性低，获得社会支持的来源及范围较为狭窄。要构建完整全面的大学生健康发展社会支持系统，离不开政府的政策制度保障及组织保障。首先，政府应加强组织领导的作用，建立专门针对大学生的社会支持及心理健康管理组织机构并明确相关负责人及责任部门；其次，制定规章制度来支持和指导学校、家庭及社区的工作，探索建立学校、家庭、社区三位一体的社会支持与心理健康服务合作机制，利用好现有的社会支持主体，同时挖掘社会中更多的社会支持力量；再次，落实相关学校、社区或社会组织等开展社会支持与心理健康工作所需的经费；最后，完善监督管理机制和评估指标体系，定期开展督导工作。

四、社区及社会组织联合增强社会支持功能

社区是目前大学生在家庭和学校之外所接触得最多的地方，并且社区也是将家庭和整个社会联系起来的形式之一。作为一个并非由血缘而聚集的集中居住群，社区也被赋予了社会支持性职能，社区中的机构设施、文化环境等对于大学生的健康成长也起到非常重要的作用。所以，社区也应以政策为依托，承担起相应的责任，提供一些专业的服务，通过建设社区文化中心、社区心理咨询室、社区图书馆等硬件设施和多组织一些公益活动使社区中的大学生能参与进来，积极构建社区的文化环境。

除了社区之外，最近几年社会组织在我国迅速发展，并且这些社会组织涉及社会的方方面面，为社区治理、医疗公益等做出了不可磨灭的贡献，我们不可不感叹社会组织力量的强大。所以，政府应出台政策，鼓励社会组织发挥其影响，为大学生提供更多的社会支持，如为大学生组织一些心理健康培训活动和提供专业且有深度的心理辅导，无论是营利性的还是公益性的社会组织，都应积极参与进来，发挥自身应有的作用。例如，现在有一些社会组织，在社区、学校或医院中专门提供精神健康辅导，还有一些农村社会组织专门致力于解决农村留守儿童的心理问题并取得了一定的成效，这些专业的组织可以更好地解决大学生心理问题。社区及社会组织也应与家庭联系起来，形成"社区-社会组织-家庭"一体的社会支持系统，达成对青少年心理问题"预防-维护-治疗"一体的效果。

综上所述，构建一个良好的、完整的社会支持系统需要丰富大学生社会支持网络的成员、整合社会支持网络的资源并发挥社会支持网络的功能。以政府提供公共政策为依托，家庭、学校、社区、社会组织、政府等全社会共同参与和共同努力，只有建立起这样的社会支持系统，才能全面对大学生的心理问题进行预防、治疗和维护。

第六章 积极心理健康教育的实施策略

大学生是国家未来的接班人，想要将大学生培养成为高素质的人才，就需要加强对大学生心理健康情况的关注，并实施有效的积极心理健康教育策略。本章分为大学生积极心理品质的培养和积极心理健康教育的实施路径两部分。主要包括大学生积极心理品质的相关概念、大学生积极心理品质的基本内容、大学生积极心理品质的培养策略、完善积极心理健康教育系统、丰富网络心理健康教育内容和形式以及完善载体等内容。

第一节 大学生积极心理品质的培养

一、大学生积极心理品质的相关概念

（一）心理品质

心理是人脑对客观现实的主观反映，将心理内容作为划分标准，可分为心理过程和个性心理。认知、情绪和意志等属于心理过程的范畴；需要、动机、能力、气质、性格等属于个性心理的范畴，主要是指个体在不同环境下表现出来的区别于其他个体持续、稳定地作用于自身外显和行为模式心理特征的总和。个性需要凭借心理过程才能体现和发展，不能独立存在。因此，心理品质包括个体在认知、情绪、意志行为和个性特质中呈现出来的需要、动机以及能力等方面的特性，是多种心理要素的高度综合。

综上所述，心理品质是个体在先天遗传条件的基础上，经由后天环境影响所形成的相对稳定、持久的心理特征，它的优劣可以作为反映个体人格健全和心理素质水平高低的评判标准。

(二）积极心理品质

1. 积极心理品质的定义

积极心理学提倡开展人类正向的、积极的心理特质研究，从多方面探究可能增进个人产生愉悦感受的心理变量。积极心理品质作为人类社会生存与发展的关键要素，不仅能够促进个人和社会的良性发展，而且能够带领全人类步入幸福健康的殿堂。积极心理品质是个人根据先天潜力与后天教育的合力作用，所形成的一种相对稳定的积极心理特质。这些心理特质某种意义上决定着个人的思想、情感和行为的积极方向，最终为其带来幸福与快乐。1999 年，希尔森等人首次提出"积极人格"的概念；2000 年，塞利格曼在《积极心理学导论》中使用了"积极个人特质"和"积极品德"这两个词；2002 年，塞利格曼在其著作《真实的幸福》中将其替换为"积极品质"，并认为个人积极品质的核心概念是美德和力量，它们对心理挫折与危机具有一定的缓冲作用，可以帮助人类克服和战胜精神疾病。

塞利格曼提出心理品质作为心理学概念体系中最为重要的概念，包含两层意义：心理质量，也称为心理水平；心理指标，即平衡心理能量水平高低的指标。"积极心理品质"概念的应运而生，正是基于心理学对"积极"的深刻理解和对"品质"的重新评价。第一，积极是一个行为过程，包括个体在过程当中的感受；第二，积极是指主观上的感受，强调个体在过程中产生的认知、情绪以及行为；第三，不同文化背景下赋予积极的含义也不同；第四，积极心理学中的"积极"不仅指人的表面积极性，而且包括人暂时没有显露出来的积极性，这种内部心理资源不仅能够给自己带来幸福快乐，而且能温暖周围的人和事物，对社会的发展产生有利影响。关于为何再次使用"品质"一词，塞利格曼在其《真实的幸福》一书中做出了回答。19 世纪时，"品质"还是当时心理学界的宠儿，占据着主流社会学、心理学理论基础的宝座。但是，随着行为主义学派的出现，消极心理学卷土重来，"品质"一词便被研究者们抛之脑后了，取而代之的是"人格"，一个中性立场的概念。直到 21 世纪，塞利格曼质疑并推翻了行为主义心理学认为"品质完全来源于经历"这一判断。他给出两方面的证据：一方面，乔姆斯基发现人类先天的语言获得装置表明品质中包含了先天的成分；另一方面，"品质"虽然含有评价意义，但个体最终会采取什么样的行动，做出什么样的选择，取决于他内在的评价标准与真正需求。积极心理学要做的只是客观展示最终结果，在

第六章　积极心理健康教育的实施策略

这一过程中起决定性作用的是个体本身。至此,"品质"才被正名,并重新回归到积极心理学的视野中。

2. 积极心理品质的结构与测量

彼得森和塞利格曼认为,积极心理品质的核心是美德与力量,由于历史发展阶段的特殊性和文化意识的差异性,不同国家、不同历史阶段的人民对美德的认识差异较大,如自尊、自信、独立、财富、美貌以及公平竞争是美国人民所崇尚的,而我国传统文化以孝顺、勤劳、坚忍、谦虚等为美德。由此,美德的种类繁多,对不同国家、不同民族在不同历史阶段所倡导的美德进行归类成了历史的必然。2004年,以塞利格曼为首的心理学家开始对美德进行分类,学者们研究了世界各地关于美德与力量的著作,他们从这些著作中找到了200多种美德并对其进行筛选与整理。学者们最终确立了六大美德和24种人格特质。

以塞利格曼为首的"价值在行动"项目组根据之前归纳的美德和人格特质,编制了儿童版和成人版的积极心理品质量表,为积极心理品质的测量提供了有效工具。

后来,段文杰与何敏贤等根据"价值在行动"项目组的成果,修订了符合中国国情的中文长处问卷,修订后的问卷有96个项目,能够测量24项性格优势(善良、领导力、创造力、洞察力、毅力等)和3项长处(亲和力、生命力、意志力)。此外,辛格等人以大学生为调查对象,编制了适用于大学生的积极心理品质问卷。

2009年,官群等测试了1316名中小学生的心理品质状况,根据前人研究编写了我国第一份中小学生积极心理品质量表。同年,孟万金和官群以1029名大学生为研究对象进行施测,编制了信效度良好、可以广泛使用的中国大学生积极心理品质量表。同年,西南大学学生李自维根据前人研究,在其毕业论文写作中编制了《当代大学生主要积极心理品质自评量表》,并基于该量表对大学生积极心理品质进行测量,该问卷的信效度良好,广泛应用于大学生积极心理品质的测量。杜娟和樊飞飞在前人研究的基础上分别编制了适合高职学生、初中学生的积极心理品质量表。吴九君对国内外现存的研究成果进行了整理和总结,编制了可信性与有效性良好的大学生积极心理品质量表。

总体而言,积极心理品质测量工具的编制源自西方,以塞利格曼等人归纳的24种人格特质为问卷编制的基础。学者们以不同领域、不同年龄阶段的个体为研究对象,进行积极心理品质问卷的编制,极大地丰富了积极心理品质测量工具。

3.积极心理品质的培养研究

随着人们对积极心理品质关注度的提升，学界关于积极心理品质的培养研究也逐渐起步。美国积极心理健康教育小组开启了教师培训项目，该项目旨在丰富教师的积极教育知识，让教师掌握积极教育方法，从而在教学中使用积极教育的教学理念，培养学生的积极品质。弗雷德里克森根据自己的研究提出，正向情绪与主观感受并不是线性相关，而是呈螺旋状相关。艾伦·卡尔对前人的研究进行总结，并就积极心理品质中讨论较多的主观体验进行了实证研究。塞利格曼等的研究表明，在活动中融入积极理念时，学生能体会到更多的快乐，也更容易感知到幸福。沃特通过教学研究发现，积极心理学能够激发学生的积极心理品质，对学生的个性特质产生影响，进而提高学习成绩。安洁莉卡·吉塞维尔等为了研究人格力量、外在情绪两者之间的关系，调查了574名德国成年人，结果发现积极情绪会对人格力量产生影响，而且影响是正向的。

国内研究者对于积极心理品质的培养研究大致分为方法策略研究和实证研究两类。方法策略研究主要是对积极心理品质的培养提供可能的方法与建议。余益兵、邹泓等对流动儿童进行了研究，并针对流动儿童的积极心理品质现状提出了培养积极心理品质的方法。宋伟伟等通过对大学生积极心理品质的研究发现，不同年级的大学生积极心理品质状态存在差异，对不同年级使用同样的培养方案效果不佳，应该对不同年级的学生使用不同的积极心理品质培养方案。在实证研究方面，田奇以心理健康为视角，提出需要对大学生进行宣传教育，使学生了解积极心理品质，认识到积极心理品质的重要性，社会也需要为个体营造正向的社会风气。葛明荣则以初中班主任为研究对象，分析了班主任的积极心理品质状态，并提出了对策。刘媛以当代大学生为研究对象，研究了其积极心理品质的现状，并探讨了提升积极心理品质的方法。陈万玲以兰州市的大学生为研究对象，探讨了兰州市大学生的心理品质状况，并提出了改进意见。胡百健对大学生积极心理品质的相关概念、内涵、特征等进行了详细的论述，并从认知、意志、情绪、适应力、社会支持等方面探讨了提高大学生积极心理品质的方法。侯佳琦使用文献综述的方法对积极心理品质的研究进行了分析，认为提升大学生积极心理品质需要学生、学校、家长、社会等多方面的共同协调努力。

由此可知，积极心理品质虽然具有一定的稳定性，但是通过后天的培养是可以改变的，教育讲座、团体辅导、课外阅读、积极教育、心理健康教育课均是提高个体的积极心理品质的有效途径。因此，高校可以通过体验式心理健康教育课对高校新生的积极心理品质进行干预,在前人研究的基础上,为培养高校新生的积极心理品质探索新的路径。

(三)大学生积极心理品质

大学生生理和心理发展规律的特殊性决定了新时代大学生需要具备一定的积极心理品质。同时,大学生思想道德的养成离不开心理因素的支撑,大学生积极心理品质的培育也能为思想政治教育奠定心理基础,有助于思想政治教育立德树人目标的实现。由此,国内学者开始倾向于把大学生积极心理品质培育纳入思想政治教育,致力于大学生身心的全面发展。

对大学生积极心理品质概念的界定,需要充分考虑大学生群体这一研究对象的心理变化和成长特性。大学生积极心理品质作为我国高校思想政治教育的组成部分,主要包括大学生的积极认知、积极情绪、积极意志行为以及积极人格特质,主要指大学生这一特定群体在先天遗传条件的基础上,经由后天环境影响所形成的相对稳定的积极心理品质。

二、大学生积极心理品质的基本内容

大学生积极心理品质属于意识形态范畴,内容十分丰富,主要包含积极认知、积极情绪、积极意志行为和积极人格特质。

(一)积极认知

积极认知指的是个体在一定程度上,对未来抱有积极预期的思维过程,与个体的行为存在内在的关联。也就是强调在看到事物不利、消极方面的同时,更侧重于看到事物有利、积极的一面。在很多情况下,人的认知是产生自身行为反应的前提,积极认知有助于大学生产生积极愉悦的情绪和行为反应;消极认知容易导致大学生产生负面情绪和行为反应。尤其当大学生对未来预期持积极态度时,就会通过坚持不懈的努力来达成预期的目标;相反,当大学生对未来预期持消极态度时,认为预期目标与自身能力差距很大,目标难以实现,就很容易出现负面情绪,便会选择放弃。

(二)积极情绪

北京大学心理学系博士生导师孟昭兰认为"积极情绪是与某种需要的满足相联系,通常伴随着愉悦的主观体验,并能提高人的积极性和主观能力"。笔者认为，积极情绪是指个体在实现预设目标的过程中，因自身需要被满足而催生出来的正面情绪。一方面，积极情绪是仅持续几分钟的短暂情绪状态；另一方面，积极情绪是弥散持续、比较稳定的情绪状态或积极心境。积极情绪不论是作为短暂还是持续的积极情绪状态，在抵消我们消极情绪的心理效应和提升个体心理健康方面都有着积极作用。

（三）积极意志行为

意志是指个体自觉地确定目的，并依据此目的支配、调节自身行动使目的实现产生的心理状态，常以语言或行动的方式表现出来。从意志的静态方面来说，当个体能够在某一件事或者一连串事件中表现出极大的决心与力量时，就会被认为拥有很强的意志力；从意志的动态方面来说，个体意志力的特性是从其决心或行动持续的时间长短表现出来的。

综上所述，积极意志行为是指个体积极主动调节自身行动并坚持下去，以实现目的支配的行为。积极意志行为是大学生积极心理品质的重要组成部分，可以激发大学生的潜能，引导大学生的行为，使大学生具有强大的行动力，从而克服行动中的困难，最终实现目的。

（四）积极人格特质

人格是指在个人与社会环境的相互作用下，区别于他人的独特行为模式、思维模式和情绪反应的特征。积极人格特质指人的正向、积极的人格特点和特质，其形成在很大程度上依赖后天环境和生活体验，不同的生活体验会使不同的人出现不同的人格特质。塑造积极人格特质不仅可以维护个体的心理健康，而且对人类心理品质的整体提升具有重要意义。随着国家对高校心理危机事件的关注度不断提高，培养大学生的积极人格特质已经成为高校思想政治教育的一项重要任务。

三、大学生积极心理品质的培养策略

（一）培养教育者的积极心理品质

"幸福是人生最大的快乐，幸福是人生重大需要和欲望得到满足的心理体验，幸福是达到生存和发展的某种完满的心理体验。"教育者应注重自身积极心理品质的培养，提升工作幸福感，以人格魅力激励学生，以自身行为感染学生。让学生遇见幸福、抓住幸福、拥有幸福，全面发展成长，是教育的最终使命和任务。

第六章　积极心理健康教育的实施策略

研究证明，如果教育者自身对教育教学工作厌倦、失去热情，对教育教学缺乏兴趣，无法体会到职业幸福感，就不会对学生产生正面的影响。拥有幸福感的教育者，才会教出拥有幸福感的学生。教育者本身也需要积极向上的情绪和积极乐观的心态，需要激发自身的积极能力和力量。当学生出现消极悲观的情绪时，教育者通过积极、乐观、向上的心理暗示，会使学生更好地正视情绪、分析情绪并承认情绪，从而有效地控制情绪，不断提升获得感、幸福感、满足感。

教育者的积极心理品质，表现为在思维和行为方式上具有积极、乐观的心态，对自我有正确认知，拥有阳光向上的职业心态，内心充盈着幸福感。教育者的幸福感离不开人际关系的和谐，学校要关注教育者的幸福指数，同事之间的友好关心、学生的亲切问候和不断进步、家人的支持和理解、朋友的嘘寒问暖等都是提升幸福指数的重要方式。积极心理学研究成果指出，这些和谐关系会让教育者获得幸福感和满足感，从而更加积极乐观地面对生活。他们又可以以自己的积极、热情去感染学生，努力成为积极心理品质的示范者，使所有教育者都能通过提升工作幸福感，以自己积极乐观的心态去影响学生，在生活和工作中培养积极心理品质，爱学生、爱工作、爱生活。

（二）丰富大学生积极心理品质的心理内在资源

认知直接决定着每个人的情绪及行为的发展方向，所以要引导大学生构建积极正确的认知体系。积极心理学认为，如果个体能够对自身、周围人及环境均持客观积极的认识，那么他会获得更多的积极体验，更好地与他人及周围环境相处，长此以往，势必会有效提高个体的心理健康水平。

具体来说，首先，帮助大学生对自身进行客观且全面的评价，在看到自身优势的同时，也要直面自己的缺点及不足，不断改善缺陷，发展自我；其次，引导大学生学会换位思考，对他人观念予以理解并尊重，妥善处理好人际关系；最后，还应引导大学生秉持感恩的心态来看待现实生活，以积极乐观的心态去解决现实生活中的种种困难，对不喜欢的人与事不要耿耿于怀，应着眼于将来，充分调动自身正能量，使自身的满足感、成就感不断提升，从而收获更多的积极体验。与此同时，还要不断培育大学生的实践能力、自我规划意识及自我控制能力，各高校应引导大学生做好自身短、中、长期的规划，并在实施的过程中进行检验、修正，以使自身能力不断提升，感受成功带来的喜悦，从而向下一个目标持续迈进。

(三) 完善大学生积极心理品质的培养模式

1. 精心设计大学生积极心理品质培养内容

精心设计大学生积极心理品质培养内容，是指将心理健康教育的内容和培养大学生积极心理品质的内容结合起来，融入思想政治教育课程，完成教学任务，实现培养目标。

（1）培养正确的价值观

立足思想政治教育的基本内容，以习近平新时代中国特色社会主义思想为指导，以社会主义核心价值观为引领。习近平总书记提出："青年的价值取向决定了未来整个社会的价值取向，而青年又处在价值观形成和确立的时期，抓好这一时期的价值观养成十分重要。"在多元文化的交流碰撞中，教育者要善于抓住教育机遇，在大学生价值观形成的关键时期，应加强培育和践行社会主义核心价值观，坚定理想信念，培育能够担当民族复兴大任的时代新人。这也是培养大学生积极心理品质的出发点。

（2）结合"四史教育"进行英雄人物宣传

"四史教育"就是指学习中共党史、新中国史、改革开放史和社会主义发展史。以史鉴今、资政育人，在教育教学过程中，教育者也需要从"四史"中汲取智慧力量，增强思想政治教育工作能力，加强立德树人工作。当前新型冠状病毒肺炎疫情形势依旧严峻，各种政治经济和意识形态面临严峻考验，高等教育需要加强学习"四史"革命奋斗精神，助推大学生成长成才。在教学中，教育者可以通过正面模范人物事迹的介绍、走进英雄人物生活等方式形成系列的积极心理品质培养内容。例如，"杂交水稻之父""共和国勋章"获得者袁隆平，一位真正的耕耘者，用毕生心血和精力致力于消除饥饿，为我国乃至世界均做出了巨大贡献；"中国天眼之父"南仁东，把毕生精力留给了"中国天眼"；"中国核潜艇之父"黄旭华，为祖国核潜艇事业无怨无悔隐身30年；疫情中的"定海神针"钟南山院士，曾经奋力抗击"非典"，面对疫情毫不退缩，勇做逆行者。在教育教学中，教育者应引导学生学习历史模范人物身上的精神，无形中激励一代又一代的中华儿女，为实现中华民族的伟大复兴奋斗不止。

（3）加强社会正面引导案例建设

教育者可以将社会热点问题融入课程案例设计，深入挖掘社会资源，丰富积极教育内容；利用正面引导的方式进行教育，将教育内容具体化，提炼社会中的

第六章　积极心理健康教育的实施策略

先进事迹和具有教育意义的正面人物形象，培养大学生的积极情感、积极情绪；提高课堂教学的针对性，对一些特殊事件、时事政治等展开思想政治教育引导，精心设计教学过程，进行积极向上的爱国主义情感熏陶。在教学中，教育者要积极建立案例教学体系，对大学生从不同方面进行教育、感染。

2. 建构积极心理品质培养科学方法

积极心理品质是一种积极心理素质，需要以不同的教育方式强化培养，并且形成长期的机制，具体包括以下几种方法。

（1）积极心理暗示法

积极心理暗示法是将积极教育融入教学过程的每一环节，用鼓励、暗示的方法对大学生的心理和行为产生积极影响的一种教学方法。教育者可以运用积极心理暗示法，用赏识的眼光看待学生，发现学生身上的闪光点。赏识是一种爱的教育，不仅对学生的优秀表现进行鼓励，而且是一种对学生行为的肯定和赞赏，使学生受到激励，从而收到教育效果，是一种赞赏式的教育。教育者要了解和掌握大学生的心理动态活动和情感变化，运用积极心理暗示法进行正面引导教育，给予大学生更多的积极心理暗示，引导大学生学会自我鼓励、自我积极暗示，关注自己积极的一面。

当大学生因受到各种压力而产生焦虑、不安、烦躁等消极情绪，对学习失去动力时，教育者可以倾听大学生的诉求，在倾听中注意观察大学生的态度和状态，通过语言、眼神、动作等给予大学生更多的关切和爱护，促使大学生产生积极的心理暗示，增加他们的自信心。教育者要建设健康积极的教室文化，设置激励语，从而潜移默化地影响学生，使他们在积极心理暗示中成长。

（2）体验式教学法

体验式教学法是通过学生的主动参与、积极体验来激发学生的主体性、积极性，使其形成积极认知和养成积极行为，培养学生积极心理品质、积极人格的一种教学方法。教育者可以利用各种形式的班级活动，创设积极快乐的情境为教育活动活跃气氛，增加趣味性，从而激发大学生的学习兴趣，丰富其精神状态，使其保持饱满的学习热情。比如，在思想政治教育过程中，教育者可以适当地增加与学生语言、动作的交流互动，组织大学生参与情境教育活动，让大学生表达和展示自我的想法，以积极健康的状态去思考。教育者还可以组织大学生积极投身于社会实践活动中，开展丰富多彩的志愿活动和义务劳动等实践活动，强化大学生多方面的积极体验。教育和实践有机结合，促使大学生在实践活动中体验知识的价值和魅力，达到"润物细无声"的教学效果。

(3) 激励教学法

激励教学法指通过设置各种激励方式来激发大学生的积极性和热情，促使他们坚定目标，并努力实现目标，从而锻炼大学生的意志力。激励教学法可以通过目标激励、竞争激励、情感激励等方式进行激发、鼓励，有效的激励方法可以促使大学生朝着期待的方向不断前进，最终实现目标。教育者要根据大学生的实际情况和个体差异性帮助大学生设置合理的目标，使大学生通过自身的不懈努力实现那些具有挑战性和可实现性的目标，逐渐树立自信、坚定信心，有信心实现更高的目标和有意志克服更大的困难。教育者可以组织形式多样的活动、比赛进行竞争激励，例如，知识抢答、趣味运动会、辩论赛等，在参与过程中调动大学生的积极性和热情，使其在活动中相互切磋、相互竞争、相互学习，在竞争中激发大学生的学习斗志和上进拼搏的精神。

(4) 生活化教学法

生活化教学法要求在日常管理和交流中注重人文关怀。在大学生思想政治教育中，教育者不仅要在课堂教学中加强与大学生的互动交流，而且要通过各种形式鼓励大学生增加互动。既要批评指正大学生出现的错误，更要体现人文关怀，严中有慈，严中有爱，让大学生充分感受到教育者的关心。

3.发挥个体积极心理品质培养主动性

注重大学生积极教育体验，只有使其亲身体验到乐观、健康、向上的积极情感，才能在此基础上加以巩固和强化塑造大学生的积极人格，使其为幸福努力拼搏奋斗，激发大学生培养积极心理品质。在教学中，教育者应充分引导大学生自我发现、自我觉察，以积极、发展的视角去关注学习，发现自身潜在或显现的积极力量，使其充分感受到积极教育的影响。

首先，大学生应积极开展自我教育，形成积极认知。随着大学生年龄的增长和心理的成熟，大学生的思想会越来越深刻，如哲学中的三问"我是谁？我从哪里来？我将要到哪里去？"等问题，开始出现在大学生的思想中，说明大学生已经开始思考自己的人生，思考将来的职业规划。利用这一时机，将积极心理品质融入大学生思想政治教育过程，可以更好地帮助大学生解答自己的疑惑，开展积极自我认知教育。自我教育首先要让大学生明白自我发展需要与自我存在之间的关系，将自己与外界相联系，认识到自我的发展离不开社会的发展，自我的发展也是为了社会的发展，明白自己的责任、义务，并积极为社会的发展做出努力，实现自我价值与社会价值的统一。

其次,大学生应主动体验生活,这是培养积极心理品质的有效途径。教育者应鼓励大学生主动、积极地展示自我,在实践活动中体会到自我价值。心理学研究表明,当大学生体验了积极情绪后,就会对自身提出更高的要求,这些要求更容易督促大学生形成积极的人格特质,也更能提高大学生应对压力和挫折的能力。

在思想政治教育过程中,大学生也要自我培育积极的情绪体验,利用假期时间积极参加志愿者活动,如植树活动、清明节扫墓、敬老院服务等,在实践活动中增长自身的成就感和满足感,培养自身积极的情绪体验。

最后,教育者在课堂教学中要发挥大学生的主体地位,引导大学生进行自主学习研究,通过小组讨论、合作探究等形式鼓励大学生在探究过程中发现问题,运用已掌握的知识,创造性地解决问题,调动大学生学习的积极性和主动性,使其在探究学习中不断获得满足感,增加积极的情绪体验。

(四)构建积极稳定的社会支持系统

社会支持系统作为积极心理学研究的内容之一,是培养大学生积极心理品质有力的外部支撑。积极稳定的社会支持系统对大学生的全面发展有着重要的价值引领作用。可以从营造和谐积极的社会文化环境、培育理性平和的积极社会心态、发挥主流媒体的舆论导向作用三个角度构建积极的社会支持系统。

1. 营造和谐积极的社会文化环境

社会文化环境,通过社会规则、知识体系和文化舆论等内容,直接影响人们的思想意识和行为习惯,达到思想教育与价值引领的效果。因此,应重视和谐积极的社会文化环境对大学生积极心理品质培养的影响。

(1)进行物质表层的文化建设

培养大学生积极心理品质所要求的物质表层的文化建设,是指全社会都注重积极取向的物质表层文化要素和文化载体建设,比如通过欣赏自然山水风光和参观革命历史遗迹等来实现对大学生的感染和熏陶。

(2)进行形式浅层的文化建设

学校的开学典礼和毕业典礼、学术会议的开幕式和闭幕式等都属于蕴含特定文化内涵的形式、仪式或过程,这类文化要素对社会成员的环境影响力更大,从而更有效地实现对大学生积极心理品质的培养。

(3)进行体制中层的文化建设

体制中层的文化建设是指国家和社会为达到弘扬特定文化这一目的,制定的各类约束性的法律法规以及与之匹配的管理机构和体制,以实现规范公众行为,实现文化传播。体制中层的文化建设表现为明确地规定行为规范,并辅以配套的惩罚性措施,社会成员易于接纳,也容易内化为大学生群体的行为约束机制。

(4)进行观念深层的文化建设

文化建设的深层,就是体现特定文化的价值观、伦理道德和行为理念,以及为此支配的行为方式。观念深层的文化建设对大学生积极心理品质的培养具有方向性意义,应加大对社会主流价值观、伦理道德、行为理念的宣传,使大学生在良好的宏观文化背景下形成积极心理品质。

2. 培育理性平和的积极社会心态

积极心理学在强调人的内在积极力量与美德的基础上,注重对群体和社会政治、经济、文化、教育、家庭等外部环境的探讨。这就要求人们重视社会的价值引领作用,加强对社会氛围的营造和社会心理的引导。习近平总书记在全国高校思想政治工作会议上特别强调:"要坚持不懈促进高校和谐稳定,培育理性平和的健康心态,加强人文关怀和心理疏导。"可见,培育理性平和的积极社会心态作为当前加强和改进思想政治工作的一项重要内容,在一定程度上对落实新发展理念、提升全民族的道德素质和积极心理品质、维护社会团结稳定、促进社会和谐发展具有十分重要的意义。

一方面,要消除不良社会心态产生的土壤,从根本上动摇不良社会心态形成的基础。不良社会心态的出现主要是因为社会利益格局的变化和贫富差距的扩大,因此,缩小各阶层利益的差别和缩小贫富分化才是培育积极社会心态的关键。

另一方面,要建立健全疏导不良社会心态的社会治理机制。其一,建立科学有效的社会心态监测预警系统,及时倾听和掌握大学生的社会心理状况。其二,建立规范专业的社会心态疏导干预机制。高校可以与心理咨询机构联合,整合资源,重视大学生的心理疏导和利益诉求,从而疏导大学生的消极情绪,帮助他们建立积极的心理品质。

3. 发挥主流媒体的舆论导向作用

我国社会正处于转型期,各种社会矛盾逐渐凸显,一些社交媒体传播虚假信息,混淆视听,干扰着人们对事物的正常判断和科学认知。此时,就需要主流媒体以正确的舆论引导大众。主流媒体作为当今时代主流意识形态的传播者和建设者,有着强大的传播力、影响力、引导力和公信力。在主流媒体的受众中,年轻人是受影响最深的,尤其是处在社会化途中的大学生。主流媒体凭借自身独特的舆论导向功能,对大学生的道德能力和行为心理有着重要影响,其中也包含着培养大学生积极心理品质的深刻作用。

要想发挥主流媒体的舆论导向作用,应充分利用其优点,弱化其不足。习近平总书记在主持中共中央政治局第十二次集体学习时强调,"要坚持移动优先策略,让主流媒体借助移动传播,牢牢占据舆论引导、思想引领、文化传承、服务人民的传播制高点"。

一方面,主流媒体传播信息的基础一定是真实积极的内容。离开了内容,任何渠道都将变得毫无意义和价值,任何形式都将徒具形骸而失去血肉。主流媒体应通过对事件本质的理性分析,引导大学生把握事件的本质,正确疏导大学生的情绪,传播有利于大学生理性平和的积极社会心态形成的正能量的内容,构建起大学生积极心理品质教育的长效机制。

另一方面,主流媒体要创新形式载体,加强舆论导向。主流媒体要对社会上存在的一些不公平现象或负面事件进行如实报道,必须坚持客观、真实、全面和公正的评价原则。主流媒体应通过开辟专栏、刊发学习动态信息、宣传典型经验做法等形式,形成立体传播格局,从而为大学生积极心理品质的培养营造一个积极稳定的社会支持系统。

第二节 积极心理健康教育的实施路径

一、完善积极心理健康教育系统

完善积极心理健康教育系统,主要包括以下几个方面:创建大学生心理档案,包括心理健康档案和积极心理品质档案;营造积极的心理环境;加强大学生心理问题的调适;开发和训练大学生积极心理品质;加强对心理健康风险因子的识别与干预等。

(一)创建大学生心理档案

大学生心理档案应当包含两个方面的内容:一是反映大学生心理发展动态的心理健康档案,了解大学生的心理健康状态和可能存在的潜在心理问题,从而提早预防和干预;二是反映大学生优秀品质和潜能的积极心理品质档案,了解大学生积极心理品质的发展情况,充分掌握大学生的优势心理品质和劣势心理品质,以便有针对性地开展积极心理健康教育。

1. 大学生心理健康档案

对大学生心理健康的管理首先应该充分了解大学生的心理健康状态,收集大学生的个人信息,所以建立心理健康档案是必不可少的步骤。大学生心理健康个人信息需要包括以下几个方面。首先,心理健康测试结果。教师通过心理健康测试能比较客观地了解大学生目前的心理健康状态和可能存在的心理问题。教师应对可能出现心理问题的学生做进一步的访谈和咨询,确认其是否存在心理问题或心理问题的严重程度。其次,家庭背景和家庭成员关系。教师通过大学生的家庭背景如来自农村或城镇、家庭经济收入、父母文化程度等可以了解大学生的成长环境、家庭教育等情况,通过大学生的家庭成员关系可以了解大学生人际关系现状,从而进一步了解大学生的心理发展情况。再次,大学生的既往病史,包括身体疾病和心理疾病。最后,大学生经历的特殊事件,包括大学生经历的一些印象深刻且对自己影响较大的事件。以上信息可以通过问卷和访谈及家访等方式获取。总之,大学生的心理健康档案应当体现大学生的成长轨迹和心理发展历程。

2. 大学生积极心理品质档案

除了心理健康档案以外,学校还应该创建一份积极心理品质档案,了解大学生身上存在的积极心理品质及其发展现状。因为大学生积极心理品质发展水平的高低直接影响他们应对、摆脱和战胜心理问题的能力,同时也影响他们维持心理健康的能力,所以大学生积极心理品质档案必不可少。

(二) 营造积极的心理环境

学校应该努力把校园建设成为阳光、充满活力、多元化的校园,教师应该把班级建设成为充满正能量、团结协作的大家庭,把宿舍建设成为温馨、和谐、充满爱的小集体,构建"学校-班级-宿舍"三级积极心理环境,促进大学生积极心理健康的发展。

1. 营造多元和谐的生态校园

环境对大学生心理健康的影响不容忽视。积极、生动、多元化的学校环境有利于大学生的学习和身心健康。大学生可以在这样的环境中更好地认识自己、锻炼自己,提高身心素质,提升自我修养水平,成为一个复合型的技能人才。同时,学校还应该从多渠道、多角度组织和举办一些有意义、正能量的校级活动,满足大学生的多层次心理需求。科组应该举办一些学科类的活动,成立各类学校社团,为大学生提供展示自我、锻炼自我的平台。

(1)创建具有浓厚学习氛围、文化氛围的校园环境

第一,校园自然环境的布置。在整体上,应布局合理,分区明确,功能齐全;教学区、活动区、生活区划分明确;各区功能齐全,如教学区的各项教学设备、活动区的各种活动设施、生活区的各种生活设施等;自然环境优雅、清新,有蓬勃的生机,如各种花草树木等。

第二,校园文化环境的布置。在校园醒目处张贴积极心理标语;在校园内开设积极心理健康知识宣传专栏板报,定期更新内容;制定"快乐校园"的公约,包括微笑点头的文明举止,亲切尊敬的礼貌用语,不粗鲁、不埋怨、不伤害他人的德行修养,知难而进,乐于挑战,永不言败的坚强意志,乐意助人,不计得失的良好品格等。

(2)组织有积极意义的校园活动

研究表明,培养大学生的竞争意识有利于激发大学生学习的积极性,促进大学生团队意识的形成和个性的发展。所以大学生的竞争意识训练应落到实处。第一,应开展竞技教育,让大学生有竞争的思想。第二,从整个学校到班级营造一个竞争的大环境。比如,学校可以组织大学生参加县、市、省里的一些技能竞赛,或是在学校里组织一些校内的竞技类比赛,如技能竞赛、篮球赛等,各科目举办一些竞争类的活动等。还可以在课堂教学中引入竞争机制,如在计算机课程教学中通过"学习小组岗位竞聘制"激发学生的学习兴趣和热情,在体育教学中引入竞技体育培养学生的竞争意识等。

(3)积极开展不同种类的社团活动

校园社团活动的开展有利于有相同兴趣爱好的学生相互交流和切磋,大学生可根据自己的兴趣特长选择加入不同的社团,既提升了自己,又拓展了人际交往范围。学校应根据大学生的兴趣爱好和专业特长等开设不同的社团并安排教师进行指导,定期开展校内和校外交流活动。

2. 实行人性化的宿舍管理

进行宿舍管理时,学校应运用积极心理学,以人为本,有助于构建良好的宿舍氛围、和谐的人际关系,有利于学生形成积极正向的价值取向,促进学生积极人格的形成。

(1)建立赏罚分明的宿舍制度

制度是大学生宿舍管理的保障。运用制度来规范学生的言行,对学生实施奖

惩，保证宿舍各方面工作的顺利开展和落实。在制度的制定上，应从大学生角度去思考，以促进大学生良好习惯、优秀品质的形成，广泛征求学生意见，尊重学生想法，建立以激励为主、正面积极向上、赏罚分明的宿舍管理制度，避免一味地惩罚导致大学生出现逆反心理。针对大学生出现的问题，学校应避免简单粗暴的处理方式，通过访谈、聊天、走访等深入了解原因，给予大学生人性化的关怀和严格的教育，使大学生回到健康成长的道路上。

（2）开展多样化宿舍活动，增强大学生积极体验

积极心理品质的形成，需要积极的情绪体验。学校应该开展一些积极向上、具有正能量的宿舍活动来增强大学生积极体验，使其形成积极人格。例如，学校可以定期举办"宿舍文化节"，以宿舍为单位，使学生各显神通，各展所能，充分发挥自己的特长，释放自身潜能。还可以定期举办宿舍心理主题沙龙，通过座谈、游戏等方式为大学生开展团体心理辅导，提高大学生的心理调节能力。

（3）开展朋辈心理辅导，促进和谐同学关系

良好的人际关系是大学生心理健康的重要保障。有很多学生因为不善交际，不会沟通，不能很好地处理同学关系，从而感到孤独、失落，影响了学习和生活。宿舍作为学校最小的群体组织，宿舍成员之间的相处从课堂学习延伸到课后生活中。学校应当充分利用同一宿舍同学之间的紧密关系开展朋辈心理辅导，加强同一宿舍同学之间的沟通，促进同学之间和谐关系的建立。朋辈心理辅导是指学生对身边存在心理困扰的同学和朋友给予心理开导的一种帮助活动，这种活动类似于心理咨询。这种非专业的朋辈心理辅导，氛围更加轻松，方式更加灵活，沟通也可能更有效。心理教师也可以通过这种方式收集更加准确的学生信息，有助于专业心理咨询活动的进一步开展。朋辈心理辅导虽然只能解决比较表面的心理问题，但它覆盖面广、简便可行、易于见效，也能使学生及时发现同宿舍里的同学的心理异常倾向和问题，防患于未然。

（4）优化宿舍环境，创建积极宿舍文化

积极心理学认为，消极情绪更多地会在威胁生命的环境中产生。良好的宿舍自然环境和积极的人文环境，有助于大学生体验更多的积极情绪，形成积极健康的人格。

首先，加强教育引导，形成健康的宿舍舆论。学校应编制《住宿生文明规范》，对大学生宿舍生活的目标、理念、价值观和行为准则等进行明确说明，引导大学生对学习、生活、就业、同学关系、社会事件等进行积极讨论，发表健康正向的言论，避免过分悲观、消极的言行出现，形成积极的宿舍文化氛围。

其次，塑造优秀的个人和集体典型，引导建立积极的宿舍文化。学校可以通过诸如"最具魅力宿舍""最具文化氛围宿舍""最具自然生态宿舍""优秀舍长""先进舍员"等的评比，树立优秀的个人和集体榜样，引导全体学生为共同营造积极向上的宿舍氛围而努力。

最后，优化宿舍自然环境，陶冶大学生性情。优美的自然环境，同样能给学生带来赏心悦目的情绪体验。整体规划上，学校宿舍应建设在环境清幽、绿树成荫的地方。在宿舍外墙上张贴宿舍管理制度和宿舍文明公约；利用花木、壁画、积极心理语录等装点宿舍内务和楼道文化；展示学生活动、书画作品，为大学生提供展示才艺的平台和场所。

（三）加强大学生心理问题的调适

通过对大学生的心理健康普查，可以了解大学生可能存在的心理问题。在充分了解大学生存在的心理问题的基础上，应当有针对性地加强大学生心理问题的调适，并积极开展对大学生的心理健康技能训练。

1. 学习心理问题的调适

目前，大学生在学习方面存在比较多的问题，比如学习兴趣低，学习动机弱；学习焦虑；学习方法欠缺等。针对这些问题，我们应加强对大学生学习心理方面的调适，通过反复的训练和讲解来培养他们学习方面的心理调节技能。

首先，学习兴趣的培养，包括文化基础课和专业课学习的兴趣。目前，大学生普遍存在一些认知上的偏差：文化基础课不重要，所以不想学；专业课太枯燥，所以学不进。针对这一问题，我们应当从以下几个方面对大学生进行调适：第一，纠正大学生的错误认知，让大学生认识到文化基础课的重要性以及专业课的趣味性和实用性。第二，增加课堂教学的趣味性和实践性，培养大学生的学习兴趣。第三，激发大学生的内在学习动机。教师通过对文化学习和专业学习重要性的阐述和讲解能够使大学生将浓厚的学习兴趣转化为一种内在的驱动力，持续维持较高的学习热情。

其次，学习焦虑的调适。有相当一部分大学生的学习动机较强，对自身的要求较高，但由于自身基础较差，学习起来比较困难，所以努力程度与学习效果之间往往存在很大的差距。还有些学生即使学习成绩较好，也存在各种各样的担心和焦虑，害怕学习成绩下降，辜负老师和家长的期望，也害怕在同学之中丢面子，所以常常患得患失。当然还有部分学生存在考试焦虑，在考试中总是不能正常发挥自己的真实水平，考试成绩与平时成绩相差较大。针对这样的学生，一是引导他们确立合适的学习目标，不能好高骛远，合适的学习目标应当是通过努力能够达到的。二是建立合适的比较模型，学习中科学的比较模型应当是与过去的自己进行比较或是与自己差距不大的同学进行比较。三是改变学习虚荣心，让大学生明白学习不是为了获得各种荣耀，不是为了老师和家长，也不是为了自己的面子，而是为自己而学习，为未来的自己而学习。四是掌握调节焦虑的方法。适度的焦虑有助于人的进步，但过度的焦虑则会影响人的心理健康。所以应当教授大学生一些缓解焦虑的方法，如认知调节法，改变不合理的认知；行为调节法，通过运动或一些行动来调节；自我放松训练法等。

最后，学习方法和技能的培养。部分大学生学习基础较差，而且学习能力较弱，还停留在原始的死记硬背上，导致学而无获。所以无论是文化基础课的学习，还是专业课的学习，教师都应该传授他们科学的学习方法，做到事半功倍，提升他们的学习自信。

2. 人际关系问题的调适

在社会交往中，一部分大学生因为自卑、自我评价较低，不肯主动与人交往，而且会在交往中表现出焦虑不安的情绪。也有部分学生为了伪装自己的自卑感，故意表现得大大咧咧，满不在乎，或是嚣张、无礼、蛮横霸道，从而引发一系列校园斗殴事件。这些都值得我们深思和重视。

在对大学生进行心理疏导和人际交往指导时，首先应规范大学生的行为。比如礼貌用语和文明行为的运用，遇见老师时要停下脚步叫"老师好"；在食堂吃饭时自觉排队；在别人说话时学会倾听，不随意打断；在课堂上需要提问时先举手；与人交流时，要停下手中的事情，注视对方的眼睛，以示尊重。学校应把这些礼貌用语和文明行为以具体的条文形式固定下来，对新生进行一个学期的长期训练和引导，要求大学生在学习和生活中必须时刻注意自己的言行举止，并长期坚持下去。久而久之就能在大学生之间以及师生之间营造良好的人际关系氛围，减少人际冲突和摩擦。其次是鼓励大学生在公共场合大胆地表达自己的观点，展示自己的才能，训练自己的胆量和表达能力，从而克服人际焦虑。最后是培养学生的人际交往技能，比如使学生学会如何准确地表达自己的观点、如何与人交谈、如何赢得别人的信任和尊重等。

（四）开发和训练大学生积极心理品质

积极心理学和人本管理理论都强调最大限度地激发人的主观能动性，开发潜能，实现个体的全面发展。相关分析显示，大学生积极心理品质的发展水平影响心理健康的发展。所以对大学生积极心理品质进行开发，并加以有意识的训练和培养，将有助于大学生心理健康长期稳定地发展。

1. 开发和训练认知维度品质

认知维度包括创造力、求知力、思维和洞察力三项心理品质。

在认知维度品质的开发和训练方面，应重点开发和训练大学生的创造力，以及思维和洞察力，从而提高大学生整体的认知水平。认知水平的提升，有助于大学生在面对心理困扰时，对问题有合理的认知以及进行正确的思考和洞察，自主寻找解决问题的方法，从而摆脱心理困扰。

2. 开发和训练人际维度品质

人际维度包括爱和友善两项心理品质。大学生已具备较高的爱和友善的品质，只是还不知道如何去表达爱和友善。所以在人际维度品质的开发和训练方面，应着重加强学生人际交往技能的训练。按交往对象来分，包括与父母的交往，如何表达对父母的爱，如何与父母进行交流；与老师的交往，如何表达对老师的尊敬，如何与老师进行交流；与同学、朋友的交往，又包括与同性伙伴和异性伙伴的交往，如何正确把握交往的度，如何正确表达友善和爱意，如何处理与同学的矛盾与冲突等；与上级领导的交往，如何与上级领导进行工作上的交流，以及如何与公司同事、领导和谐共处等。这些都是需要大学生去认真学习的。

3. 开发和训练勇敢维度品质

勇敢维度包括真诚和执着两项心理品质。大学生的勇敢维度发展极不平衡，他们一方面比较执着，不轻言放弃，另一方面害怕失败，常常通过谎言或作弊来掩饰失败。所以大学生中照抄作业、考试作弊的现象比较严重。这从另一方面说明他们其实也想取得好成绩，希望得到老师的肯定和表扬，但是却找不到有效的方法和途径。

针对大学生不够诚实的现象，一方面要加强对他们的思想教育，改变他们的错误认知，即通过作弊带来的好成绩并不能赢得老师的肯定和表扬，而且企业也不喜欢不诚实的员工。想要提升自己的成绩，只能通过自己的勤奋和努力来完成。另一方面要加强对学生学习方法和技能的训练，引导他们找到适合自己的学习方法。

4. 开发和训练公正维度品质

公正维度包括领导力和合作力两项心理品质。大学生公正维度的发展并不均衡，合作力远远高于领导力。这也从另一方面说明大学生已经具备了较好的团队合作能力，但缺乏领导力。这跟大学生过往的学习经历有关，因为在以学习成绩论英雄的时期，成绩较差的学生往往处于被领导、被管理的位置。要想释放大学生的领导力，必须摒弃以成绩论英雄的思想，而应按能力大小来分配领导权力。

5. 开发和训练节制维度品质

学会节制是一个人成熟的标志。节制维度包括宽容、谦虚和持重等心理品质。大学生普遍有一颗宽容的心，且能做到谦虚不骄傲，稳重持重，具有较强的节制力。但是，对处于青春期的他们而言，这样的节制力水平还不能应对一些突发状况，如受到同学的挑衅和欺负时，与同学意见不合发生争执时，常常不能很好地控制自己的冲动，容易引发肢体冲突。所以应训练大学生在面对突发状况时的处理能力，可以通过心理短剧或视频短片等来帮助大学生养成节制的心理品质。

6. 开发和训练超越维度品质

超越维度包括心灵触动、幽默风趣、信念和希望等心理品质。相关研究显示，大学生在超越维度中的心理品质得分都较高，且在所有心理品质发展中排名靠前。这说明大学生的超越品质虽然在整体中发展较好，但仍然低于全国平均水平，需要对大学生的超越品质加强引导和训练。而心灵触动、幽默风趣不是通过简单的训练就能做到的，需要慢慢地积累。比如心灵触动，需要大学生常怀感恩之心，对美好事物具备一定的审美能力和鉴赏能力，有一双发现美的眼睛和一颗欣赏美的心灵。所以在训练大学生的心灵触动时，可以设计一些心理活动来完成。比如，让大学生回忆过去学习和生活中所受到的来自别人的帮助，然后体会想到此事时的心情并把它记录下来。或是让大学生观看一些好的影片，欣赏一些好的音乐和绘画，让大学生体会其中的情感和美感，并尝试表达出来。通过反复的练习可以使大学生怀有一颗感恩之心，并对一些感人之事、美好之物有触动心灵的感悟。有时候一件小小的感人之事往往能解决大学生的心理困扰，使其豁然开朗。

（五）加强对心理健康风险因子的识别与干预

积极心理学强调积极的预防和积极的治疗。因此，对大学生积极心理健康的管理，应防患于未然，对心理健康风险因子进行积极的识别与及时干预，避免心理问题的发生或是心理问题向更严重的程度发展。而影响大学生积极心理健康的风险因子主要来自生理、心理和社会方面。

第六章　积极心理健康教育的实施策略

1. 生理方面

影响大学生积极心理健康的生理方面的因素主要包括大学生个体的外貌特点、生理缺陷、身体疾病等。其中，外貌特点包括身高、体重、长相、肤色等。调查显示，大学生对自己的外貌外形非常关注，常常因为身高太矮、体重太重、皮肤不好、长相不佳等原因产生心理困扰，出现自卑、自怜甚至自暴自弃的心理。另外，有生理缺陷、身体疾病的学生也容易产生心理上的困扰，需要及时识别与干预。

对外貌过分关注是处于青春期的学生的特点之一，教师和家长应对其进行引导和教育。第一，要让大学生认识到，身体受之于父母，长相美丑等与生俱来，自己无法改变，只有接受这一事实。至于身高、体重、肤色等既受先天遗传因素的影响，也有后天环境的作用，可以通过规律的作息、节制的饮食等尝试改变，但对结果不应抱太高的期望。第二，要让大学生认识到，决定自己美丑的不仅是外表，更重要的是心灵的纯净与美好，可以通过勤奋和努力提升自己的积极心理品质，把自己塑造成一名积极、上进、开朗的阳光少年，这样才能收获更多的鲜花和掌声，还有来自别人的爱与尊重。

对于有生理缺陷、身体疾病的学生，教师和同学应当给予更多的呵护和关注，叮嘱其他同学不能因为别人的生理缺陷或身体疾病而嘲笑、挖苦、讽刺别人，不能有异样的眼光，而应该与他们正常交往。

2. 心理方面

影响大学生积极心理健康的心理方面的因素主要包括不合理或错误的认知、消极情绪、薄弱的意志、不良行为等。很多大学生认为"我是一个没用的人""我读书不行""我天生就很笨"等，这些不合理或是错误的认知深深地影响着大学生的心理健康，像一个牢笼把大学生困在里面，有的在奋力挣扎，有的却已经放弃自己。所以家长和教师需要对大学生存在的不合理认知进行识别和梳理，并及时加以干预，纠正他们的不合理认知，形成新的合理认知，使其成为一名积极向上的大学生。

同时家长和教师也要留意长期情绪不佳、意志消沉或是存在不良行为的学生，及时了解原因，进行疏导和干预，对于大学生的不良行为要及时加以纠正。

3. 社会方面

影响大学生积极心理健康的社会方面的因素主要包括社会的评价、家庭教养方式、亲子关系、师生关系和同伴关系等。首先，社会对大学生的评价会影响大学生对自己的评价，从而影响大学生的心理健康。其次，不同的家庭教养方式也会对大学生心理造成不同的影响。最后，大学生在家庭、学校与家长、老师和同学间的不良关系也会成为心理健康风险因子。所以学校、教师和家长要尽可能全面地了解学生所处的社会环境，当风险因子出现时要及时干预。

学校可以通过组织大学生参加社会实践活动的方式向社会展示大学生的精神风貌，树立大学生的良好形象，逐渐改变社会对大学生的不良评价。学校可以根据大学生的不同专业安排不同的社会实践活动。同时，学校还可以定期组织学生家长参加家庭教育培训，改变过去一些错误的家庭教育方式，营造民主、平等、和谐的家庭氛围，构建和谐亲子关系，为大学生的积极心理健康发展提供良好的亲情支持。至于大学生与教师、同学的关系，班主任和心理教师也要随时留意，及时发现师生之间、同学之间的矛盾冲突并加以化解，同时也要对学生如何与老师和同学交往提供指导。

二、丰富网络心理健康教育内容和形式以及完善载体

（一）丰富网络心理健康教育内容

普及心理健康基础知识、预防和疏导常见的心理问题、促进大学生自我意识的正确发展、引导与加强大学生自主学习和掌握简单心理调节方法等是目前网络心理健康教育的主要内容。但随着时代的快速发展，大学生上网、用网的频率提高，网络心理健康教育也应该与时俱进，增设新的教育内容。

第一，要加强大学生网络安全教育。当前大学生更注重对网络技术的掌握和探索应用，容易被网络中丰富多彩的内容和自由交流的形式吸引，但缺乏对网络对个体身心健康的不良影响、网络对社会道德的冲击等问题的深刻认识和思考。因此，心理健康教育工作者在开展教育工作时，要将教育方法与大学生的身心发展规律相结合，帮助大学生正确认识互联网的概念、作用以及特点；要积极引导大学生形成正确的网络安全意识，正确上网，使其形成敏锐的政治观察力和网络信息鉴别能力；要帮助大学生认清虚拟的网络世界与现实的生活世界之间的关系，使其能够正确认识网络的利弊，有选择地浏览、学习，自觉抵制网络不良信息的诱惑，自觉树立网络心理健康的观念。

第二，要加强大学生网络价值选择的教育。网络是大容量的虚拟世界，包含很多需要大学生进行价值判断与选择的内容，其中不乏会影响大学生身心健康的消极因素，不同的选择会产生不同的结果，如何选择就显得至关重要。因此，教

育者应该给予大学生正确的价值引导，使大学生能够对网络信息进行自主的价值判断与选择。一方面，要教育大学生做到网络自律，能够利用网络所特有的优势和便利条件，最大限度地发挥其作用，降低网络信息对自己身心的负面影响；另一方面，要教育大学生适度上网，让他们认识到网络展现的虚拟世界并不是生活的全部，防止大学生因过度使用网络而迷失自我。

（二）丰富网络心理健康教育形式

随着网络沟通变得更加快捷和通畅，以及网络技术的不断发展，网络心理健康教育的形式也应趋于多样化。创建心理健康教育网站、建立线上心理咨询室等都是以网络为媒介开展大学生心理健康教育的形式。学校可以结合大学生的兴趣爱好，采用多种形式来丰富大学生网络心理健康教育。

1.围绕微博热点话题建立讨论小组

微博是一种新兴社交软件，因可以实现即时分享信息备受大学生喜爱，成为大学生日常交流的主要渠道。微博热搜由于聚合了大量社会热点内容，是微博最强大的流量入口之一，已经成为当前大学生获得信息的主要渠道。因此，要发挥网络新媒体的特性和优势，用大学生喜闻乐见的形式，如运用微博的多样化的手段，使网络心理健康教育的形式更加立体、动态，易于大学生接受。例如，可以在微博中就热点话题发起讨论，由心理咨询工作者建立讨论小组，并维持秩序，让组内保持良好的讨论氛围，引导讨论，使大学生可以对某些心理问题畅所欲言，大胆发表自己的意见和看法，这有助于克服线下面对面的拘束和不适，激发每个大学生都参与到讨论中来，各抒己见，探讨自身存在的困扰，提升自己的心理素质。

2.利用微信丰富心理健康教育方式

微信已然成为大学生之间相互交流沟通、获取信息的重要工具。教育工作者可以把微信作为开展心理健康教育的新阵地，如发布心理健康小测试、建立心理健康交流群、定期发送心理健康推文、提供即时心理咨询服务等，可以开展"一对多"或"一对一"的微信交流，既可以进行心理健康知识的传播，又可以进行及时的心理沟通和疏导，也可以建立专门的心理测试微信公众号，微信公众号可以根据时下学生的情况，定期推出测试内容，或定期推出心理课程，上传著名的心理学家讲课视频，方便大学生选择和学习。大学生通过这些方式可以及时了解自己的心理健康状况，教育者也可以掌握学生最新的心理发展情况，并及时进行心理疏导。

3. 制作心理健康微电影

这是借助电影的形式，让大学生扮演故事主人公，将典型的心理问题通过屏幕展现出来，使观众了解心理问题产生的原因、正视心理问题以及学会相应的解决办法。微电影不仅生动有趣，而且具有很强的示范性，其拍摄过程简单、易学。心理健康微电影的主题可以多样化，可以针对解决心理问题，与大学生的梦想、奋斗、爱情和亲情融合在一起，既能使大学生正确看待心理问题，又能使大学生受到启发和教育。大学生可以利用碎片化时间观看心理健康微电影，使心理健康教育在不经意间就可以走进大学生的生活。微电影是数字化时代背景下对大学生进行心理健康教育的重要方式，不仅丰富了网络心理健康教育的形式，而且可以起到激发大学生学习心理健康知识的热情、指导自我实践的作用。

（三）完善网络心理健康教育载体

网站是积极心理健康教育的重要载体，网站的建设是否完善关乎教育的成效。因此，高校要加大对大学生心理健康网站的建设，拓展心理健康知识传播渠道，提高网站教育效果，让大学生通过登录网站、浏览网页，进行知识的自主学习，学会心理自助方法，提高学习的交互性。

在充分了解大学生审美需求的基础上，提高心理健康网站的创新性，展现出网站特有的主题和风格特色，提高网站对大学生的吸引力，让网站在视觉上先引起大学生的注意，吸引更多的大学生进入网站学习。心理健康网站缺乏吸引力是导致网站的点击率和关注度不高的原因。加强网站的页面设计，有利于实现大学生注意力在心理教育内容上的聚焦，提高大学生主动了解心理知识的概率。

除此之外，提高网站的安全性，保障大学生信息安全也尤为重要。在网站开发设计时，学校应利用加密技术与手段，保护大学生的个人信息，保障其数据安全；要严格控制用户使用权限，保证用户用真实信息登录网站；要规范操作流程，心理健康教师也要严格遵守相关保密文件的规定，保护大学生的隐私，使大学生安全、放心地使用心理健康网站。

三、建立面向全体学生的初级预防体系

初级预防体系面向全体学生，主要目的是培养全体学生的心理素质和职业素养，促进大学生健康发展，为未来就业和工作打下基础。

第六章 积极心理健康教育的实施策略

（一）加大心理健康知识普及力度

普及心理健康知识是提升大学生心理素养的重要措施。大学生对心理健康知识了解越多就越重视自己的心理健康，反过来，大学生越重视自己的心理健康就会更加主动地去了解心理健康的相关知识。心理健康知识的普及可体现在大学生的日常学习和生活中。常见的普及方式包括开设相关课程，如积极心理理论课、心理活动课、心理素质训练课等；进行报刊或语音宣传，如创办心理健康周刊、校园标语宣传、广播宣传、举行心理专题讲座等；利用多媒体资源进行网络宣传，如创办学校心理健康微信公众号、创建心理健康知识学习微信群等。总之，学校应通过全方位立体式多渠道的宣传，营造一个全民讲心理健康，处处是心理健康知识的良好文化环境，让大学生在潜移默化中了解和掌握心理健康的相关知识。

（二）开展心理健康专题活动

研究表明，积极的应对方式有利于心理健康的发展，而消极的应对方式不利于心理健康的发展。因此，加强对大学生应对方式的教育，让大学生学会用积极的应对方式去面对学习生活中可能出现的应激事件是提升大学生心理健康水平的有效途径。

为此，学校可通过开展心理健康专题活动来提升大学生应对心理问题的能力。首先，学校可以专题学习的形式让大学生系统地学习心理问题应对方式；其次，通过专业的心理技巧训练来提高大学生问题解决的能力，如人际交往中的沟通技巧，可通过情景模拟、角色扮演等方式让大学生反复体验如何有效地沟通；最后，以专题形式开展团体心理辅导活动，让大学生在团体互动中慢慢领悟和掌握心理问题的应对方式。

（三）开设心理健康课程

心理健康应该作为一门独立的课程出现在大学生的课表中，而不是隐身在政治课当中，心理健康的内容也应该以独立、完整的姿态呈现在大学生面前。同时，课程应该安排专业的心理教师来教授，从而提升大学生的心理素质，这样心理健康教育活动才会真正有成效。同时，学校还应根据本校学生的特点加强校本教材的研发。比如，针对积极心理学理论的学习教材、针对大学生积极心理品质开发的实践教材、针对本校学生常见心理问题的心理应对技能教材等。

（四）建立大学生积极心理品质训练长效机制

提升大学生积极心理品质水平是一件需要持之以恒不断努力的事情，因此学校需要有一个专门的平台来对大学生进行训练。学校可以在条件允许的情况下，在校园内部开辟一片空间建立心理健康强化训练基地，定期对学生进行各种心理的、体能的、情感的训练。

当然，学校也可以联合企业在企业内部建立大学生心理素质实训基地，通过校企合作来对学生的心理健康进行管理。学校还可以和校外专业机构进行长期合作，定期组织大学生进行拓展训练，既可以丰富学生的课余生活，缓解学习压力，释放不良情绪，还能够提升大学生的身心素质。

总之，提高了大学生的心理素质，就能降低大学生心理问题产生的概率。

四、探索高校心理健康教育发展新路径

意识对于实践具有指导作用，更新心理健康教育理念就显得至关重要。随着国家政策以及社会各界对大学生心理健康状况的重视程度不断提高，高校应该更新已有的教育理念，加强心理健康教育实效性。目前对高校来说，不仅心理健康教育很重要，而且对不同学生采用不同的教育方式也很重要。高校要从学生的实际需求出发，既要满足大学生基本的物质需要，也要满足大学生对于自我实现的价值追求。另外，考虑到大学生的特殊性，相关教育活动应尽量为他们提供贴心的服务，并与其平等交流，从而让他们在校园里感受到学校的人文关怀，提高生活的动力。与此同时，还要加强大学生心理健康教育工作与各学科之间的交叉渗透，让大学生在潜移默化中促使身心健康发展，提高对自身心理健康状况的关注。

高校要不断探索心理健康教育的新模式，使心理健康教育贯穿大学生发展的各个阶段，抓好心理健康教育的重点。大学生在不同的学习阶段具有不同的个性，每个学生的心理需要也不一样，盲目开展教育活动很难达到预想的效果，无法改善大学生的心理状况。因此，高校在进行大学生心理健康教育时首先要关注大学生的生理变化特点，然后要了解大学生不同阶段的心理变化规律。因为不同阶段的大学生的心理状态是不一样的，大一新生面临着新生活的适应以及角色的转变，大三、大四的学生面临着升学以及择业的问题，研究生面临着毕业的压力以及求职的压力等。高校在进行大学生心理健康教育时应综合使用多学科知识，通过发挥教育者自身的专业性，对大学生遇到的不同问题进行针对性的解决，并

进行心理疏导和学业引导，帮助大学生培养良好的心理素质。因此，高校应该根据社会大环境的不断变化，结合大学生在校园以及社会生活中的实际遭遇，制定切合实际的心理健康教育课程，使得心理健康教育更加满足学生的实际需要。高校还应面向不同阶段的学生开展心理团辅、职业生涯规划、情绪管理等课程，采取情绪调节以及矫正训练等方法对一些心理测评严重超标的学生进行心理问题矫正。

五、完善大学生心理健康教育保障体系

（一）树立正确的心理健康观念

各大高校可以根据不同年级的学生，选择适合的辅导方式。对于大一学生，学校、教师要帮助其快速适应新生活，引导其合理规划时间，自主进行学习；带领大一学生熟悉校内建筑，帮助其快速融入新集体。对于大二、大三学生，学校要注重其发展，以发展为目标锻炼其心理素质，培养其抗压能力、自控能力、自律能力、自我调节能力等，传授其调节情绪的方法；同时，为其及时提供帮助，解决其在生活中实际遇到的问题。对于大四学生，学校、教师要帮助其规划人生目标，为其指引方向，并提供就业指导；学校还需举办招聘会等，帮助毕业生调整预期目标，防止学生因就业压力产生心理问题。

（二）完善心理健康教育管理制度

许多大学生出现心理问题的主要原因是原生家庭环境、成长环境的影响，在完善高校心理健康教育管理制度时，需明确家庭、学校、社会的责任范围，并把责任范围明确到制度细则中，用制度完善政策，保障开展心理健康教育工作时，有制度可依，有章可循。

为确保高校心理健康教育工作有序开展，高校要成立心理健康教育工作组，并不定期抽查高校心理健康教育工作开展情况，确保高校心理健康教育工作落实到每一处。在制度中，明确问题处理办法，确保学生出现心理问题时，能及时采取对应办法干预学生心理，确保学生心理健康。还应明确大学生心理健康出现问题的表现，如情绪低落、难以入睡、焦虑不安、有抑郁倾向等，如出现这些情况必须立即采取行动。此外，心理健康教育管理制度发布后，学校、教师必须引起重视，并第一时间通知家长。学校、学生会组织应对制度内容进行宣传，达到引起学生和家长重视心理健康教育的目的。

(三) 建立心理健康教育机构

以健全、规范管理为基础建立心理健康教育机构，能为大学开展心理健康教育工作提供支持。建立心理健康教育机构要以学生为主，以心理咨询师为辅，以帮助学生解决问题为目标，不断完善心理健康教育工作各个环节。

心理健康教育机构内的工作人员必须与教师、校领导保持长期、稳定的沟通，确保能长久地获得学校支持，便于日后工作的开展。心理健康教育机构可以实施分级管理，一级管理者是院长、校长和学生处处长，二级管理者是辅导员、心理教师，三级管理者是学生、学生会组织相关人员。一级管理者主要负责把握心理健康教育工作核心思想，发挥政治、行政作用，保障心理健康教育工作顺利开展；二级管理者负责接待学生、辅导学生、疏导学生，发挥保障作用；三级管理者负责观察学生，了解学生心理。三个层级的管理形成闭环，做到校内心理健康教育无漏洞，为大学生心理健康教育保驾护航。

(四) 储备充足的心理健康教育人才

为解决高校心理健康教育人才短缺问题，学校可以通过为辅导员、心理健康教师提供对应培训，培养朋辈队伍，提高心理健康教育工作者的入职门槛等方式，储备高质量、优秀的专业型人才。

高校为辅导员、教师提供对应培训，要注意提高其心理咨询技能、职业道德和心理素质。第一，高校要制定心理健康教育工作者的培养标准，如具备心理学专业的本科生或以上学历；从事心理咨询工作三年或三年以上等。通过提升标准，为高校储备经验丰富的专业型人才，满足学生需求。第二，学校要不定期为心理健康教育工作者提供培训，确保心理健康教育工作者都具备专业知识和丰富经验，鼓励心理健康教育工作者大胆探索解决大学生心理问题的新途径，积极参加交流会等活动，不断提升自身水平。

高校还要不断提升心理健康教育工作者的职业素养，使其遵守校内行为规范和准则。心理健康教育工作者要注意自己的一言一行，用言行举止做表率，用人格魅力感染学生，不断提升自身职业素养。只有树立正确观念，养成良好的行为规范，才能发挥引导作用，带领学生健康发展，提升大学生的抗压能力、自我调节能力。心理健康教育工作者还要不断提升自身的心理素质，如果其不具备正能量和积极向上的进取精神，就会影响学生，使学生也消沉、萎靡不振。但如果心理健康教育工作者具备乐观的态度、积极进取的心态，就会使大学生更乐观地看待生活。

高校还要培养朋辈队伍，注重培养大学生的社交能力。高校可以从学生中选择性格开朗、爱表达、乐观、有亲和力的学生组建朋辈队伍，并对朋辈队伍中的学生进行相应培训，让朋辈队伍为大学生服务。高校还可以通过建立交流平台、开设网络交流论坛等方式，扩大朋辈队伍，并拓宽朋辈教育范围，让学生之间自主进行交流，从而缓解学生的压力和不安，使其逐步消除负面情绪。

高校的心理健康教育队伍由校长、辅导员、心理健康教育工作者组成，因此，提高心理健康教育工作者的入职门槛，能提高队伍整体水平，真正为大学生解决问题。除重视用人选择外，还要重视人才管理。针对高校辅导员、心理健康教育工作者，学校可使用鼓励机制，对表现优异的工作者进行荣誉、奖金鼓励。对开展朋辈教育优秀的学生，学校要予以奖励，并传授相应方法，让学生更好地开展工作。

（五）提供各方面的支持

1. 为心理健康教育增加经费

大学生的心理问题通常比较复杂，高校心理健康教育工作者必须具备丰富的经验和专业的技能，才能解决大学生的问题，满足大学生的需求，而心理健康教育工作是操作性强的工作，因此，高校在科研、资料、场地方面必须提供支持。为确保高校内心理健康教育保障体系有效，并保障心理健康教育保障体系符合时代发展，高校必须提供充足的经费支持。各大高校要把大学生的心理问题放在第一位，加大经费投入，让大学生健康发展。此外，心理健康所需经费应纳入各大高校预算，从而帮助高校心理健康教育保障体系持续、稳定地发挥作用。

2. 为心理健康教育工作提供场所

许多学校没有心理咨询教室，学生没有实际感受到心理健康教育教室的存在，久而久之，会忽视心理自信和心理健康教育。高校必须为心理健康教育工作者提供办公场所，最少配备2间心理咨询教室。只有在专门的场所中，大学生才能主动说出遇到的问题。心理咨询教室必须温馨、干净、私密性强，方便学生出入，可以用白色或浅绿色的沙发衬托场景。心理咨询教室内必须配备满足日常工作的设备，方便心理健康教育工作者办公。心理咨询教室需有一个具备心理资格证并有多年工作经验的办公室主任和下属的几个老师，方便大家进行头脑风暴，在不透露学生姓名的前提下对大学生进行分批次讨论。

3. 为心理健康教育工作开展提供资源

高校除给予经费支持外，还需提供必备的工作设备，并为心理健康教育工作者提供有用书籍和办公用具，让心理健康教育工作更高效。

(六) 完善应急预案

除提供经费支持、提高心理健康教育工作者水平外，高校还需完善应急预案，利用应急预案预防大学生潜在心理问题。如遇到特殊情况，学校也可以启动应急预案，做好应急工作，保护校内学生。

1. 不断完善心理健康应急预案

我国对大学生心理健康越来越重视，已颁布相应政策，各大高校也开始建立各自的应急预案。然而，由于我国心理健康相关制度建设时间较晚，缺乏实践经验，导致应急预案有许多漏洞，不能完全契合大学校园的实际情况。制定应急预案的主要目的是预防大学生出现心理问题，因此必须不断完善大学生心理健康应急预案，提早介入，尽早防范。

高校还要及时对大学生进行心理调查，并记录在案，抓住心理问题产生规律，做到早评估、先发现、快干预。要重点关注有潜在心理问题的学生，同时，不要给学生带来心理压力，避免使学生的心理问题扩大化。针对各学校现状，心理健康教育工作者还要提出关于培养大学生心理健康教育的方案，使心理健康教育工作在校内有效开展。

2. 严格落实应急预案内容

许多高校制定应急预案后，并不会对预案内容加以宣传，许多教师、学生不知道应急预案，更不了解应急预案内容。心理健康教育工作者对应急预案内容也缺乏了解，在这种情况下，如发现学生的心理问题，难以及时解决，最终造成严重损失。高校应通过宣传板、广播、网络等形式，对应急预案进行宣传，并为大学生开展心理健康教育讲座，提高大学生对心理健康应急预案的了解，提高大学生自身的应急能力。此外，高校还要对心理健康教育工作者进行培训，提高心理健康教育工作者的应急能力。

六、成立心理健康管理中心

心理健康管理中心是对大学生实施积极心理健康教育、管理的职能部门，应独立于学校各个行政部门，与学生处、教务处、实训处等平行。心理健康管理中心的主要任务是为大学生健康成长创造必需的条件，通过制订具体有效的培养计划来提升大学生的积极心理品质，增强大学生的心理防御能力，尽可能满足大学生的心理需求，提升大学生的幸福感，从而促进大学生的心理健康。

心理健康管理中心的成立，有利于高校心理健康管理工作的顺利开展；有利于提升心理健康教育教师的工作积极性，使从事心理健康教育工作的教师有一种家的归属感和被认同感；同时将学生心理健康管理独立出来，给学校教师和学生释放一种积极的信号，有利于加强学校师生对心理健康的关注和重视。

（一）设置不同功能机构

根据心理健康管理的需要，针对不同层面的学生，把心理健康管理中心分为积极心理宣传小组、积极心理健康教育咨询小组、危机干预小组和积极心理实践小组。

积极心理宣传小组，负责在全校范围，同时辐射家庭、社区进行积极心理学相关知识、理念、观点的宣传，可通过线上网络平台包括学校广播电台、微信、QQ、学校网站等和线下印制宣传单、小手册，张贴校园标语、墙报等方式进行；积极心理健康教育咨询小组，负责全校学生以及家长的心理健康教育以及咨询，包括课程教授、课后咨询等；危机干预小组，负责对出现心理问题的学生进行干预和治疗；积极心理实践小组，负责组织开展各种实践活动，包括校内的实践活动和校外的实践活动，对大学生积极心理品质进行训练提升。全方位立体式的工作可以为大学生营造积极向上的学习、生活氛围，提升大学生的心理素养，维护大学生的心理健康。

（二）组建专业团队

笔者通过对学校领导、心理教师等的访谈了解到，高校对大学生心理健康的重视程度不够。部分高校并没有意识到积极心理健康教育对大学生的重要性，也没有意识到优秀的心理素质对提升大学生综合水平的重要性，仍停留在解决"已病"学生的心理问题层面，而并没有将"将病"学生心理问题的积极预防和对"未病"学生积极心理品质的开发培养纳入意识范畴。这就导致高校在管理时目标单一、内容片面。心理健康管理的目标不仅仅是学生没有心理问题或是使有心理问题的学生得到干预和治疗，还包括使所有大学生的心理素养得到提升，使其健康成长，获得幸福感。

首先，作为学校管理者，必须认真学习积极心理学相关理论，认识到积极心理学在心理健康管理中的意义和作用；改变传统的以问题为导向的心理健康管理思想，积极关注大学生的"优势的一面"，并引导全校教职工开展积极心理学的学习，在教育教学中渗透积极心理健康教育，在学生管理中运用积极心理学思想；制定促进大学生心理发展的短期规划和长期规划，把握心理健康管理方向。

其次，教师的心理健康水平直接影响大学生的心理健康水平。要培养大学生的积极心理品质，教师首先要有健康、积极、乐观的心态，掌握积极心理健康教育和咨询的有关理论技巧，拥有进行积极心理健康教育的业务能力。所以高校应加强教师这一方面的培训，通过派遣专业心理教师外出学习的方式，先让高校专业心理教师掌握积极心理学的相关理论和积极心理健康教育的技巧与方式，然后再让专业心理教师对全校教职工进行培训，提升每一位教职工积极心理健康教育的能力，从而为大学生积极心理品质的发展创造良好的教育环境。

（三）完善监督和评价机制

对高校心理健康管理工作的监督和评价应从人本管理的角度出发，一方面激发管理实施者的工作积极性，使他们在对大学生进行心理健康管理的过程中完成自我实现，获得愉悦感和成就感，进一步提升自身的专业技能和职业素养；另一方面，评价的焦点应主要集中于所有学生心理品质的整体提升和潜能的集中开发，而不仅仅是个别学生心理问题的解决。

1. 高校应成立监督小组

为了让全体教职员工参与到高校心理健康管理工作中，学校应当成立大学生心理健康工作监督小组，组长由校长担任，成员在行政人员和全体教师中进行筛选。组长应对各个成员进行职责分工，明确工作内容，负责对高校心理健康工作的开展情况进行监督，并做好记录。

2. 高校应建立完善的评价机制

学校应当以学期为周期对所开展的课程和活动内容的针对性和实用性进行考核和评价。评估的主要目的是通过对整个心理健康管理过程的评估，总结经验，吸取教训，从而更好地完善大学生心理健康管理体系。

评估的主要内容包括高校心理健康课程的开设、教材的发放、课堂教学的效果、心理活动的效果、心理咨询的效果等。评价的方式可以灵活多样，理论知识学习部分可采用试卷形式进行，实践部分则通过问卷访谈等形式了解大学生的积极心理品质发展情况。根据评价的结果，高校应对培养计划或施行的措施进行实时的修订和改进。

第七章 高校心理育人质量的提升路径

新时代下高校心理育人不断受到社会各界的重视,心理育人工作质量的提升需要从多个领域进行着手和强化,既要对现有问题进行梳理和总结,制定行之有效的改进策略,同时要结合高校自身的教学力量,按照既定的改进方式,循序渐进地开展相应的工作,以心理育人教学为核心,不断提升学生的综合素养。本章分为高校心理育人质量提升的机遇与挑战、高校心理育人质量提升的路径两部分。主要包括高校心理育人质量提升的机遇、高校心理育人质量提升的挑战、提升高校心理育人质量的必要性、高校心理育人质量提升的路径等内容。

第一节 高校心理育人质量提升的机遇与挑战

一、高校心理育人质量提升的机遇

(一)高校心理育人的目标基本确立

2018年,中共教育部党组印发的《高等学校学生心理健康教育指导纲要》中指出了心理育人的总体目标,教育教学、实践活动、咨询服务、预防干预"四位一体"的心理健康教育工作格局基本形成。在此背景下,全国高校推进工作的第一步都是明确心理育人目标。

首先,在育人目标上,高校心理育人要明确"培养什么样的人"。随着我国社会矛盾的转变、我国经济的腾飞和世界局势的变化,大学生群体的心理变化更具有时代性。大学生在面对公共危机事件时,会出现一定程度的紧张、焦虑情绪,更有甚者患上恐惧综合征。

因此,高校要培养大学生的抗压能力和适应社会发展的能力。高校心理育人的目标并不在于治疗，而在于培养大学生积极向上的心态，使其具备健全的人格，具备内生动力去解决内心的困扰，帮助大学生创造幸福人生，从而促进大学生的健康成长、全面发展，实现育人目标。例如，清华大学就提出了将心理育人融入思想政治教育，培养有知识、有能力、有正确价值观的新时代人才。

其次，在工作目标上，各大高校都在引进心理学和思想政治教育教师，壮大师资队伍的同时，加强心理健康课程建设，开展线上和线下课程，为大学生提供了更多的选择。高校还应建设心理咨询室以及搭建更加丰富和多层次的心理育人平台，为大学生的心理健康保驾护航。

（二）高校心理育人的服务不断创新

首先，高校心理育人的服务内容不断与时俱进，高校不断拓展心理咨询服务的深度以及广度，将大学生的心理困惑和大学生成长成才紧密联系在一起。比如复旦大学心理健康教育中心，对于家庭经济困难的大学生出现的学习适应和社会交往等方面的问题，有针对性地推出包括主题教育、团体训练、成长小组、个别辅导在内的阳光心态新生适应教育，融合到学生工作部"助力成长计划"平台之中，使得心理教育资源能够精准推送到相关学生群体，有的放矢。其次，高校咨询服务不断向专业化方向发展。咨询服务的专业化发展，离不开心理健康站的建设，而心理健康站的组织机构建设是大前提，工作制度是基础，高素质的心理育人师资队伍是关键。

（三）高校心理育人的手段不断丰富

高校心理育人的手段随着心理育人内容的深化而不断丰富，以更有针对性地应对大学生出现的各种心理问题，特别是高校在大学生心理问题预防和干预方面采用的手段也在不断地丰富。

（四）高校心理育人的平台逐步升级

高校心理育人的平台包括育人的环境平台、宣传活动平台以及制度平台。因为环境对一个人的影响是潜移默化的，所以各高校都在校园的基础设施建设上投入了大量经费。比如在加强高校心理健康中心的环境建设方面，河南科技大学建成1636平方米的标准化心理健康教育中心，有预约接待室、团体辅导室等20余个功能室；建成6000余平方米的大型室外素质拓展基地；学院二级心理健康辅导站基本实现全覆盖且各具特色，场地面积和设备总量位居全省高校第一。

此外，以活动为载体搭建宣传平台。各高校都在开展各种形式的活动来吸引大学生融入心理健康教育，如南开大学基于学生身心发展特点，开展了具有鲜明特色的系列心理育人主题活动，如NK接力鸡蛋活动、NK斜坡跳蚤活动、NK龟宝养殖活动等。就NK接力鸡蛋活动来说，每人保护鸡蛋24小时，之后将蛋完好交给下一位同学。此活动主题为"生命同行"，旨在使学生敬重生命、呵护生命、善待生命。可见，高校心理育人不管在环境的建设、活动的开展方面，还是在制度的建设方面，都在不断升级，以适应大学生的心理需求。

二、高校心理育人质量提升的挑战

（一）高校心理育人的供给结构失衡

当前高校心理育人的教学工作、咨询和预防、平台保障的供给与学生需求之间存在着结构性失衡。这种失衡主要表现在以下几个方面。

首先，心理育人工作的供给量供不应求。例如，除了基本的必修课以外，高校开设心理健康课程的数量不足，无法供给想选修这些课程的学生；由于教育资源的紧张，专业性心理育人课程没有完全开放给所有学生。

其次，高校心理咨询中心前期调研工作不充分，导致对大学生的需要不了解。比如，高校提供的心理咨询服务与大学生的现实需求不符合，预防干预工作没有跟上大学生心理变化的情况。由此心理咨询中心很多设备闲置下来，没有充分发挥作用。但是，有的学校由于资金缺乏，没有添加新的设备。这种高校资源之间的不平衡也导致了设备供给之间的失衡。

最后，由于社会主要矛盾的转变，大学生的需求也在不断变化，必然要求提升高校心理育人的服务质量，以满足现实需要。但是，由于各种原因，很多高校很难提供高质量心理育人服务，进而导致心理育人服务存在着结构性供给失衡。比如，高素质咨询专家的缺乏，导致低效性的心理咨询无法有效解决大学生存在的心理问题。久而久之，大学生将对心理育人失去信任，从而限制了心理育人工作质量的提升。

（二）复杂环境增加高校心理育人的难度

受经济全球化、经济市场化、信息网络化的影响，大学生的心理表现出更为复杂的变化，使高校心理育人工作面临新的难题。

1. 经济全球化

经济全球化成为现代社会发展的客观趋势。在经济全球化的浪潮下，各国间的经济往来日益频繁，各国间的文化交往也逐渐密切。在这一背景下，我国的文化呈现多元化的发展趋势，各种文化之间不断发生交流与碰撞，在丰富大学生文化视野的同时，也给大学生的心理发展带来了负面影响。世界经济的快速发展，加快了各国文化在全球范围内的传播与交流，使西方国家的各种文化和思想大量涌入我国，与我国的本土文化和价值观念产生冲突，导致大学生陷入思想迷茫和价值困惑，不利于大学生的心理健康发展，给高校心理育人工作带来了挑战。

2. 经济市场化

经济市场化改革为大学生营造了具有市场化特征的社会环境，在推动大学生思想观念革新的同时，也强烈冲击着大学生的精神世界，对大学生的心理发展带来不利影响。市场经济的趋利性使等价交换原则、成本分析等经济学理论深入人心，也会导致大学生产生功利主义价值倾向。现实生活中存在着大量繁杂的利益关系，包括短期利益和长期利益、局部利益和整体利益、个人利益和社会利益，这些利益关系相互影响、相互制约，时刻发生着变化，使大学生的思想和价值观念随着利益关系的调整而不断改变。思想的波动必然会引起心理变化，在市场经济的影响下，大学生的心理呈现出多变性的特点，进一步加大了高校心理育人工作的难度。

3. 信息网络化

信息网络化使人类社会进入新的发展阶段。当代大学生是伴随着互联网的发展而成长起来的，信息网络化拓宽了大学生获取信息的渠道，使大学生能够随时随地搜集到海量的数据信息。多样的信息开阔了大学生的视野，丰富了他们的专业知识，但由于网络信息存在复杂性和不确定性，给高校心理育人工作带来了新的挑战。网络具有开放性和虚拟性的特征，任何人都可以通过网络平台发表各种信息，无法对这些信息进行有效的过滤和控制，使得各种真实信息和虚假信息、有效信息和错误信息混杂在一起。面对复杂的信息环境，大学生的思想和价值观念呈现出多元化趋势，这种趋势直接影响着大学生的心理发展，使大学生的心理也呈现出多样性的特点。同时，网络的发展改变了大学生原有的信息交流与分享模式，使高校教师难以准确把握大学生的思想和心理变化，影响了高校心理育人工作的有效进行。

（三）未能有效贯彻"三全育人"教育理念

"三全育人"即全员育人、全程育人、全方位育人，是习近平总书记在全国高校思想政治工作会议上强调的重要理念，有助于提高思想政治工作的实效。心理育人作为高校十大育人体系之一，应进一步落实"三全育人"目标要求，但在具体的工作中，由于受多方面因素的影响，"三全育人"教育理念未能得到有效贯彻。

1. 心理育人的队伍不够健全

全员育人强调心理育人工作不再局限于心理健康教育工作者和辅导员，要求全体教职工共同发挥育人作用。但当前育人队伍的建设存在不足，全员的参与性不强。

（1）专业队伍建设不强

我国高校心理育人工作起步较晚，相应的专业教师数量较少，部分教师缺乏实际工作经验，未能满足大学生群体日益增长的心理发展需要。专业教师的紧缺限制了高校心理育人工作的深度和广度，部分高校仅设立了心理健康服务中心，为大学生提供心理咨询与疏导服务，未能面向全体学生开展普及性的心理素质拓展活动，影响了育人工作的实效性和针对性。

（2）辅导员缺乏心理专业背景

辅导员是高校育人工作的主力军，对大学生起着直接影响。但当前辅导员普遍缺乏心理专业背景，相关的心理育人能力欠缺，对大学生心理问题和思想问题的体察不够，难以有效地对大学生开展心理辅导。此外，辅导员既要承担大学生的日常管理工作，也要承担公共课的教学任务，但辅导员的精力有限，繁杂的日常工作使他们难以主动地在大学生中开展心理育人工作。

（3）各职能部门的心理育人意识相对欠缺

近年来，全员育人的理念已在各大高校中达成共识，但在具体的实践中仍存在一些问题。部分管理服务部门教师的育人意识淡薄，认为心理健康教育是心理健康专职教师和辅导员的工作，未能结合自身的职责开展心理育人工作，影响了高校心理育人工作的有效推进。

2. 心理育人的过程缺少衔接

全程育人指心理育人工作应贯穿大学生的整个大学生涯，强调心理育人工作的连贯性。目前，高校心理育人的全程性较弱，育人过程未能实现有效衔接。

（1）心理育人的阶段性不明显

大学生的心理状态是不断发展的，大学生处在不同的成长阶段，会呈现出不同的心理特点。高校应根据大学生的身心变化规律和可能存在的问题有针对性地开展心理育人工作，然而，大多数高校的心理健康教育课程和实践活动只集中于大一阶段，对大二及以后的阶段关注较少。虽然高校的心理咨询中心是面向各年级学生提供心理服务的，但由于缺少统一安排，仍不能很好地满足不同阶段学生成长发展的需要。

（2）心理育人的假期教育相对欠缺

大学生在每年都会有长达3～4个月的寒暑假，其在假期面临着多样的生活情境，自身的心理和思想也会受到外界环境的影响而发生变化。但在假期中，教师和学生无法进行面对面的交流，导致心理育人工作无法正常开展，使心理育人过程存在断点。

3. 心理育人的"全方位"有待完善

全方位育人强调心理育人要融入大学生成长的各环节、高校工作的各领域。心理育人涉及高校多个工作领域，这些领域依循不同逻辑，对心理育人工作发挥着重要作用。当前，高校心理育人的"全方位"有待完善。高校心理育人注重课程、实践和网络的育人作用，但未能有效发挥管理、服务、文化等方面的育人功能。课程育人是心理育人工作的主要方式，教师通过系统课程教育，向全体学生传递心理健康教育的相关知识和技能，在实际工作中取得了良好的教育效果；实践育人通过开展多种多样的心理实践活动，向大学生施加积极的心理影响，能够有效促进大学生的自我教育和自我成长，是心理育人工作的重要方式；虽然网络育人的发展时间较短，但网络能够突破时空的限制，将大学生喜闻乐见的元素和媒介融入心理健康教育，提升了心理育人工作的时效，逐渐受到了高校的重视。

心理育人在高校课程育人、实践育人和网络育人等工作领域取得了一定成效，但在管理服务和校园文化等领域，未能实现有效的整合。部分高校的管理和服务部门固守机械化的岗位边界，注重日常工作的标准化与规范化，没有意识到管理服务对大学生心理健康的促进作用，弱化了管理服务对大学生的心理关怀和人格提升。校园文化具有隐性教育功能，当前部分高校的校园文化建设流于形式，未能充分挖掘校园文化建设中的心理育人内容，影响了校园文化建设和心理育人工作的有效融合。

第二节　高校心理育人质量提升的路径

一、提升高校心理育人质量的必要性

提升高校心理育人工作质量,是实现立德树人价值的必然要求,能够适应大学生的心理与思想需求,增强高校思想政治教育的预见性,缓解思想政治教育工作改革的迫切性。

(一) 实现立德树人价值的必然要求

立德树人一经提出就被党的十八大提升到战略高度,将其作为教育的根本任务。习近平总书记指出:"道德之于个人、之于社会,都具有基础性意义,做人做事第一位的是崇德修身。"说明人才的根基在于思想道德,树人首重立德。2017年中共中央、国务院印发的《关于加强和改进新形势下高校思想政治教育工作的意见》中提出"加强人文关怀与心理疏导,促进大学生身心和人格健康发展"。

所谓"人才"应当是兼具良好的心理素质和才干的人,只有这样才能适应复杂的社会环境、坦然面对危机和挑战,实现人才的自我价值,才能真正地发挥人才的作用,逐步成长成为社会的基石、国家的栋梁。也就是说,以培养人才为目标的高等教育事业,要更加重视心理育人的作用。一个没有振奋的精神和坚强的意志品质的大学生,不可能成为一个德才兼备的人。高校心理育人在新时代有新的价值承载,在心理育人不断深度融入思想政治教育的过程中,从"心"出发,为思想、政治、道德教育奠基,提高大学生的德育水准和接受程度,充分挖掘心理育人的立德树人价值。

(二) 适应大学生的心理与思想需求

大学生正值青春年少,处在指点江山、挥斥方遒的人生阶段,充满了蓬勃的朝气和充沛的精力,但在大学生的生活中,会有一些障碍绊住他们前进的脚步。因此,高校教育不应只注重大学生的智育和体育,还要将眼光投射到心理教育上,扫除人才培养路上的"心理障碍",为大学生素质发展和成人成才保驾护航。

从心理层面来说，大学生的心理发展与其生理发展是相适应的。大学生刚刚走出青春期，具有较为鲜明的心理特点。首先，大学生的情绪较易受到外界的扰动而上下沉浮，且部分大学生缺乏自我情绪管理和调节能力；其次，大学生精力充沛，充满了对知识、创新的渴求，但动手能力较差或没有实践条件，导致认识事物不深刻；最后，在意志力形成的关键过程中，大学生群体本身也能够发挥自身的优势，以顽强的姿态对自我进行约束、鼓励、挑战，但仍然需要来自外界的助力干预，这就要求心理育人工作者不能缺位。由于大学生心理具有上述这些特点，因此高校心理育人工作者要在这三个方面侧重于对学生的引导，适应大学生的心理和思想需求，注重发挥心理育人工作的作用。

从思想层面来说，高校心理育人工作需要与时俱进，把握当代大学生的思想脉搏。我国从改革开放以来，对外开放程度逐步提升，随之而来的是世界各国的物质和文化冲击。大学生正处于价值观形成的年纪，在意识形态上容易受到外来因素的影响。再者，我国的数字科技发展水平全球领先，大学生在学习、生活中享受数字科技带来的便利的同时，也会接触到糟粕，而大学生由于自身心理和生理发展的局限性，在接触这些信息的过程中不具备很强的判别能力，这些混杂的信息就会潜移默化地改变其思想意识。

因此，高校心理育人工作者应当秉持实事求是的原则，从大学生实际心理状况出发，把握大学生心理特点，切中大学生心理脉搏，真正了解学生的心理世界，使大学生主动融入心理育人工作，提高思想政治教育的水平。

(三) 增强高校思想政治教育的预见性

高校心理育人工作以解决大学生心理问题、保障大学生心理健康水平为根本目标，此外，它还具有良好的预见性，能够防患于未然。

传统的高校思想政治教育不包含心理健康教育，预见性较差，主要基于以下几点原因：①传统的高校思想政治教育的内容脱离社会实践和学生实际需要，流于形式，浮于表面，不把教育工作落到实处；②传统的高校思想政治教育的内容庞杂，加之内容上与大学生素质教育阶段多有重复，导致大学生产生倦怠情绪，没有认识到思想政治教育的重要性和必要性。以上两点严重削弱了传统思想政治教育的预见性。此外，由于传统思想政治教育固有的一些问题，例如，教育内容上的不连续性、教育方式上的重灌输性、教育对象上容易忽视真正需要帮助的学生等，进一步导致了其超前性与预见性的缺乏。

因此，高校要想把思想政治教育真正落到实处，就要将心理健康教育融入传统的思想政治教育，以心理教育为媒介，深刻了解每一位学生的心理状态和心理需求，及时提供心理辅导和心理干预。以此提升思想政治教育的预见性，摒弃盲目性与滞后性，以达到事半功倍的效果。

因此，高校要想提升心理育人工作的质量，在思想政治教育工作中，就必须重视心理育人工作的方法和手段，应当清晰地划分思想和心理问题的界限，掌握大学生的心理活动规律和思想状况；能够及时抓住大学生心理问题的苗头，对症下药，有针对性地进行辅导或咨询，给有需求的学生提供及时必要的帮助，将问题解决在发现初期，以增强思想政治教育工作的主动性和预见性。

（四）改革思想政治教育工作的迫切要求

大学生处在人生的十字路口，正在经历步入社会前最后的学习阶段，这一阶段是大学生三观形成的重要时期，其容易在这一时期受挫遇阻，若没有及时得到解决与疏导，就会引发相应的心理问题。而大学生产生心理问题的过程，也伴随着其三观的逐渐形成。因此，心理问题实际上是客观问题通过主观认识反映到心理上的问题，而主观认识则依赖人的三观。所以，心理问题实质上就是三观在认知外界过程中反映出来的问题。解决心理问题的根本之道就在于树立正确的认知，培育正确的三观；但从另一方面讲，心理问题是正确三观形成的绊脚石，两者是相互影响的。

因此，大学生思想政治教育工作在不断改革发展的过程中，应注重从思想品德和心理健康等方面着手，实现心理教育和思想教育相辅相成。在教育工作中，教育工作者要关注大学生的心理状态和心理需求，从心理教育和思想教育的基本原理出发，两者并重，不可偏废；在面对大学生需要解决的问题时，要能够区分问题属性，做到具体问题具体分析，将思想道德问题和心理问题分开处理，妥善解决；对于受到心理问题困扰的大学生，要针对大学生的具体情况制订教育方案，帮助其尽快走出困境。

由此可见，思想政治教育工作的改革迫切需要适应大学生发展的需要，既要认识到心理健康教育的重要性，也应唯物辩证地看待其重要性，不过分夸大，以确保心理育人工作的顺利开展和健康发展。

二、高校心理育人质量提升的路径

（一）突出大学生主体地位的育心育德原则

突出大学生主体地位的育心育德原则是高校心理育人工作的出发点和落脚

点。因此，高校在开展心理育人工作的时候，应该遵循大学生身心发展的规律性，兼顾大学生的个体差异性，加强对大学生的道德人格教育，以此提升大学生对心理育人课程、活动等的参与度和融入感，使其良好品德习惯化。

1. 遵循大学生身心发展的规律性

高校心理育人工作的开展，首先应该遵循大学生自身的成长规律，不能急于求成。我国著名心理学家张增杰认为，大学生的心理发展水平正处在一个半成熟的青年中期。从人生观的角度来看，这是人生观形成的关键时间段。所以，处于"准成人"阶段的大学生，内心充满着该时期特有的冲突和矛盾。因此，高校心理育人要抓住大学生的心理阶段性特点，对大学生进行思想、政治和道德教育。

其次，在把握人才成长的客观性前提下，要重视人才在实践中的成长。结合市场经济发展规律，切忌揠苗助长，根据大一到大四学生的成长特点和需要来完善人才的培养方案。比如，针对刚步入大学校门的大一学生，要加强对其适应能力、自主学习能力的培养，增强其自我意识和社会意识，心理健康教育应偏向人际交往、适应大学生活等主题。针对大二、大三学生，主要培养其人际交往能力和人际沟通能力，这是"准成人"必须拥有的能力。针对大四毕业生，引导需要就业的大学生树立正确的就业观念，鼓励其尽可能多地参与实践活动，如专业实习、党委团委的活动，以锻炼能力，积累经验，不断地增强自信心。针对考研考博学生，注重其抗压能力和心理调节能力的培养，适时进行心理疏导，引导其正确地做好未来规划。

2. 兼顾大学生的个体差异性

高校要根据每个大学生的心理成长特点进行心理育人教育，不能按照统一的方法来进行。每个大学生都是一个独立的个体，其自我意识的发展受到客观现实的影响，是一切社会关系的总和。

每个大学生从出生就具有自己独特的气质，并且由于家庭背景等的差异，大学生个体在兴趣爱好、性格特征等各方面存在着差异性。这要求心理育人工作者在开展心理育人工作的过程中，因势而为，结合每一位学生的特点，把握学生在日常行为中出现的问题特点，科学制订其专属的教育方案，科学开展心理育人工作。

比如，大学生在做职业生涯规划的时候，必须综合考虑自身的主客观因素。职业生涯规划的作用就在于，让大学生更加了解自己的个人需求，明确自己努力的目标和方向。在大学生目标清晰的基础上，鼓励其充分发挥自身的优势，少走弯路，从而更好更快地实现个人的人生目标。高校在职业生涯规划教育过程中，必须引导学生根据自己的需求、气质、性格、兴趣、能力和价值观来选择适合的目标，然后发挥自我能动性去实现该目标。个体健康的心理品质是其良好行为习惯化的保证，一个人的道德品质最终以行为习惯的方式表现出来，形成与人的思想品德密切相关的、稳定的行为特征和个性特点。因而良好的德行是否习惯化是思想政治教育效果最终的检验标准。在此，兼顾个体心理品质的教育起着关键性的作用。

由此可见，教育者在心理育人过程中要兼顾好大学生的个体差异性，根据大学生的个人差异，有针对性地解决大学生在成长成才过程中出现的心理问题。只有让每一位大学生参与到心理育人工作中，感受心理育人对其成长成才的助力作用，才能保证心理育人工作的有效性。

3. 加强对大学生的道德人格教育

人格是各种心理特征的总和，也是各种心理特征相对稳定的组织结构，它影响着一个人的思想、行为和情感。

心理育人蕴含着对大学生道德人格的塑造，是育心和育德内在相统一的重要体现。人的健康成长离不开人格的健全发展，这也是心理育人工作的目标。因此，要加强对大学生的道德人格教育。

面对当今大学生在成长中出现的道德人格问题，除了学校、政府、社会乃至家庭积极面对，寻求教育的办法外，更重要的是使大学生学会自我教育。首先，教育者要充分重视大学生个体的主体性，引导他们积极正视问题，加强个性修养，尤其是重视道德人格的修养。其次，在开展心理育人工作的过程中，重视培养大学生的自我意识，使其完善自我认知，增进自我力量。再次，教给大学生人际交往沟通的技巧，这是道德人格教育的工作之一，即教育大学生之间要相互尊重、彼此真诚、适度宽容、合作双赢、相互理解等，以此提升大学生的人际交往能力，达到道德人格教育的目标。最后，鼓励大学生在自我评析中锻炼积极的认知能力。出现严重道德人格问题的大学生虽然是少数，但绝对是不容忽视的。

（二）有效贯彻"三全育人"教育理念

1. 全员育人

为提升育人的合力，高校要加强心理育人工作队伍建设，有效发挥专职心理健康教师的主导作用、辅导员的骨干作用以及各部门教职工的辅助作用。

(1) 发挥专职心理健康教师的主导作用

专职心理健康教师是高校开展心理育人工作的主力,要巩固他们在心理育人工作中的主体地位。一方面,要保证专职心理健康教师的数量。严格遵守相关规定,按师生比不低于1∶4000,每校至少有2名教师的要求配备专职心理健康教师,保证专职心理健康教师的数量满足学生的心理服务需求,有效发挥专职心理健康教师的主导作用。另一方面,要保证专职心理健康教师的专业素养。完善专职心理健康教师培训体系,在深化专职心理健康教师对心理健康教育理论和实践技能学习的基础上,对专职心理健康教师进行系统的思想政治理论教育,提高教师的思想素质和专业技能,使其既有丰富的理论素养和实践科研能力,又能够在实际工作中实现教学思政。通过系统的培训,强化专职心理健康教师的工作能力,更好地发挥其在高校心理育人工作中的主导作用。

(2) 发挥辅导员的骨干作用

辅导员是高校育人工作的中坚力量,是高校心理育人工作的骨干。为更好地发挥辅导员的育人作用,一方面,高校要搭建系统化的辅导员心理培训体系。邀请校外专家按期开展培训,结合具体的工作实际,有针对性地设置培训内容,加强辅导员对高校心理育人工作的认识,提高辅导员的心理专业素养。另一方面,高校要设置心理辅导员岗位。由心理辅导员负责配合学校开展各项育人工作,加强与专职心理健康教师的工作联系,协助心理健康服务中心做好心理健康普查、心理健康活动和心理危机预防等工作,充分发挥辅导员的心理育人骨干作用。

(3) 发挥各部门教职工的辅助作用

各部门教职工是高校的育人主体,要发挥各部门教职工对心理育人工作的辅助作用。一方面,高校要加强各部门教职工的心理育人意识。定期开展面向各部门教职工的心理健康教育专题讲座,增强他们的育人意识,使他们明确自身的工作职责,主动挖掘本职工作中的心育要素,有意识地对大学生施加积极影响。另一方面,各部门教职工要主动开展心理育人工作。各部门教职工要结合自身工作优势,主动开展心理育人工作,如招生就业处的教师可以协同专职心理健康教师举办职业生涯规划的主题活动,缓解大学生的就业压力;教务部门可以协同心理健康服务中心,系统规划大学生的心理健康教育课程,满足大学生的心理发展需求。

2. 全程育人

高校心理育人必须贯穿大学教育的始终,从入学到毕业、从课上到课下。大学生的身心发展具有阶段性，高校尤其要把握每个阶段学生的心理特点，否则无法真正达到育人目的。

（1）抓住入学、毕业关键节点

入学阶段，大学生会产生跨幅度式、越等级式的心理变化，由兴奋转为迷茫，由期待转为焦虑，由憧憬转为懈怠。缺乏外在心理课程引导，大学生将难以迅速融入新环境，实现角色转换。因此，入学阶段的心理健康教育至关重要，高校应开设心理健康教育课程，做好心理健康宣传工作，开展心理健康咨询和指导，引导大学生及时纠正心理偏差，掌握调整心态的科学方法，以积极心态进入新的发展阶段。

在新生入学初，高校应结合各项活动，采用大学生喜闻乐见的形式宣传校园特色文化，吸引大学生的注意力，消解大学生的不适感。例如，开展新生入学晚会，充分展现大学生的才能，为他们提供交流学习的平台，增强大学生的身份认同感和归属感。

在老生毕业期间，高校也应举办正规的学位授予仪式，充分肯定大学生在校期间的学习和生活，通过各种毕业活动增强对大学生的人文关怀，为毕业生离开校园进入社会奠定良好的心理基础。例如，高校可以开展职业规划教育，引导大学生树立正确的职业目标，科学确立奋斗目标和规划职业生涯，消除迷茫心理，使毕业生带着母校的厚爱和期望，信心满满地开启人生新征程。

（2）把握课上、课下关键环节

大学生能力素质的提高要借助课堂教学和实践体验形成的合力。课堂教学是高校育人的主渠道，要充分发挥心理育人的功能。教师在课堂教学过程中不仅需要充分挖掘课程内容中的心理教育元素，而且需要明确教学的育人立场，让大学生更深入地理解和更有效地学习心理健康知识。同时，教师要充分了解大学生的需要和情况。例如，针对不同学生因材施教。课堂上，对于表现良好的学生，教师要积极鼓励；对于不参加、参与课堂教学活动的学生，教师要及时指正，鼓励和引导并举。在课下实践活动中，一方面，高校可以根据实际情况设立勤工助学岗位，让家境困难的学生通过劳动获得资助，化解学生的自卑感，增强学生的自信心；另一方面，可以举办丰富多彩的学生社团活动和公益性志愿服务活动，通过同辈群体间的互动，使学生增强人际沟通能力，收获志愿服务带来的幸福感，营造互助和谐的校园氛围。

3.全方位育人

全方位育人是指从不同的角度出发，运用多样化的方法，覆盖育人工作的方方面面，全方位、多角度、宽领域地提高大学生的综合素质。在心理育人过程中，高校要多角度、全方位地开展活动，在润物细无声中培养大学生的健康心理，增强心理健康教育效果。

（1）开展思想文化育人，引导学生树立正确价值追求

高校要着重引导大学生正确认识自己，培养理性的情绪把控能力、良好的意志品质，树立正确的世界观、人生观、价值观，把弘扬、培育和践行社会主义核心价值观作为自身价值追求。

高校育人应当旗帜鲜明讲政治，坚持社会主义办学方向。高校心理健康教育必须将马克思主义作为思想基础与理论源泉，大学生思想政治教育工作要与心理健康教育相结合，让大学生对自身的理想信念和思想道德品质形成一定的导向标准。高校应引导大学生树立正确的价值观，学会辩证看待问题、思考问题，在面临两难选择时能够做出符合正确价值取向的判断。高校可采用新颖独特的方式开展教育教学，代替枯燥无味的理论陈述。例如，组织大学生演绎经典故事，通过切身体会，增强大学生的认同感；带领大学生参观纪念馆、历史遗迹，增强大学生的使命感，引导大学生在实践中形成正确的价值观。

（2）依托新媒体技术，完善心理育人载体建设

互联网逐渐成为大学生获取信息的主要渠道，但学生很难判断互联网上的信息真实与否。高校应加强对大学生的引导，开展网络安全教育，增强大学生的自我鉴别能力。

同时，高校应当利用网络平台拓展心理育人途径。第一，组建网络育人队伍，关注大学生思想动态，在大学生常用的社交媒体中注册官方账号，发布与大学生生活息息相关的动态信息，广泛传播最新、最有价值的思想文化内容。第二，在高校校园网中设置心理咨询服务版块，由高校专业的心理辅导教师为学生答疑解惑，大学生可以随时随地匿名进行心理咨询。如果遇到紧急情况，教师可根据校园网注册的大数据追踪学生信息，及时采取危机干预措施，保护大学生的生命安全。在心理咨询过程中，教师应帮助大学生增强心理韧性，提高排解不良情绪的能力，从而使其树立正确的世界观、人生观、价值观。

（3）注重高校环境建设，形成良好育人氛围

高校校园环境建设对整合育人资源、拓宽育人渠道、强化育人效果具有重要作用。物质文化是高校校园环境建设的基础，也是高校校园文化的重要载体。

首先，要根据高校的教育特点、所处地理位置和校园环境，塑造独特的高校环境风格。其次，要从本地自然环境和条件出发，绿化校园时做到选取植被品种

多样化，使整个校园百花齐放、和谐宁静。再次，要充分发挥大学生的主体性，鼓励大学生积极参与校园环境的设计、维护和创造。最后，学校的校训、校徽等依托高校自身文化的文创产品设计要体现学校特点和教育理念，有条件的高校要建好校史陈列馆和党史、共青团史馆；要充分发挥往届优秀校友的榜样力量，建立校友交流室和交流平台，利用学报、校报和讲座等宣传高校教育理念；要发挥校园广播站、电视台和网络的作用，不断拓展校园环境建设的渠道和空间。

营造良好的校园育人氛围需要积极进行校园精神文化建设。加强精神文化建设需要全面开展校风、教风、学风、班风建设。学校应积极组织丰富多彩的校园文化活动，活动形式要突出大学生的主体地位和创造性，培养大学生的创新能力，提高大学生的参与度；要在高校教师队伍中切实开展师德师风教育，增强高校教师作为人民教师的责任感、使命感，倡导敬业精神，建设严谨治学、从严执教、不断探求的优良教风；要加强对大学生的教育和引导，建设态度端正、积极向上、认真诚信、乐于探究的良好学风；要认真抓好班级文化建设，树正气，立榜样，形成目标明确、互相帮助、共同奋斗、积极向上的良好班风。在高校形成鼓励先进、鞭策后进、促人奋进的良好风气，能够对大学生的心理行为产生调节约束和规范引导作用。

（三）建设立体化育人体系

要想实现思想政治教育的育人目标，开展高质量的心理育人工作尤为关键。在这个过程中，高校应建设以立德树人理念为核心的立体化育人体系。因此，高校心理育人工作需要合力建设多层次的心理育人队伍，以制度来保障心理育人工作各方的权利和义务，并且发挥实践活动和环境等的育人作用，综合考虑心理育人的各种要素，多层次、立体化地推动心理育人工作质量的提升。

1. 加快构建高校心理育人一体化体系

心理育人作为高校十大育人体系的重要组成部分，也是一项系统工程，需要整合各方力量，协同并进才能形成强大的育人合力，切实提升大学生心理育人工作的实效性。积极探索、构建心理育人一体化体系是对高校各项育人工作的有力补充和完善，也是构建具有统筹各方资源和形成协同效应的一体化高校育人体系的有益尝试。创新一体化心理育人理论体系，打造一体化高校育人系统工程，能不断突破高校心理育人发展的现实困境，开辟新时代心理育人新境界，是高校培养符合社会发展的高素质人才的必经之路。在新时代，加快构建高校心理育人一体化体系显得越来越重要，只有真正将高校心理育人工作落到实处，才能为大学生健康学习和生活提供良好的保障。心理育人是素质教育的核心，高校对大学生心理育人一体化体系的建设是人才培养过程中必不可少的重要环节。

2. 精准实施多元化心理育人手段

由于高校心理育人是心理健康教育内涵的进一步丰富，因此其基本育人手段与心理健康教育是一致的，比如个体咨询、团体辅导和危机预防干预手段等。根据大学生的心理问题，灵活运用心理健康教育的手段，能够使育人手段的效果超越本身的同时，提升心理育人工作质量。

（1）精准运用个体咨询手段进行育人

高校在抓好大学生心理健康教育课的时候，还要重视大学生的个别心理辅导，体现需要，实施干预。积极引导大学生取掉对心理咨询的"有色眼镜"，改变"心理咨询中心就是为心理疾病患者设立的"陈旧观念，主动接受心理咨询。高校有关部门应真正重视心理咨询，使心理咨询中心的教师主动关心学生、发现问题，以预防干预为主，灵活运用个体咨询手段，抚慰心灵，助人成长。

（2）精准运用团体辅导手段进行育人

团体辅导是心理健康教育的一种重要手段，它以团体活动的方式进行心理疏导，以培养健康心理为目的。比如，根据需要灵活开展大学新生适应教育团体辅导、大学生理想信念教育团体辅导、大学生爱国主义教育团体辅导、大学生诚信教育团体辅导等，以此不断帮助大学生学会沟通合作，学会主动寻求帮助，从而提升大学生各个方面的能力。

（3）精准运用科学化的危机预防干预手段进行育人

高校应建立"校院班舍"四级预警体系，同时每年进行三次常规筛查工作，即新生筛查、春季筛查和毕业季筛查，两者结合以最大限度地发现有心理问题的学生，以便及时指导与干预，将学生的心理危机"扼杀"在萌芽阶段。

3. 构建混合式心理育人教学模式

高校心理育人课程的基本形式有知识传授、心理体验、行为训练，主要内容包括职业心理、情绪管理、人际交往、性心理与恋爱管理、压力管理等。心理育人课程必须面向所有的学生。然而，目前高校的心理育人教学工作质量有待提高。在大数据时代，我们可以充分利用现代信息技术，构建混合式心理育人教学模式。教师可以将高水平的慕课以视频、直播和线下课程混合的方式开展教学，这样可以在很大程度上满足大学生的需求，使他们的情感体验更加丰富，更加积极地参与到心理育人课程教学中,从而提升育人工作质量。

构建混合式教学模式就是将传统的线下课程与高质量的慕课结合,开展线上教学,把现实课堂延伸到网络平台。因此,将两种教育方式结合既要注重发挥教师的主导功能,又不能忽视大学生积极参与和主动创造的过程。此外,采用混合式教学模式既可以使高校减少对多媒体教室的投入,又能提升心理育人工作的质量。心理健康教师可以事先针对大学生的心理特点设置多个板块,比如,在网络课程里设置以下几个板块:一是教学公告板块,发布各种教学相关信息;二是认识老师板块,介绍任课教师的基本情况、教学理念等;三是课件和课程目标板块,在课件里呈现教学大纲、教学计划、教学进度、考试方式,并把它留在平台上供大家下载学习;四是任课教师自己编写的教学内容板块;五是课程有关视频板块;六是课程作业板块;七是推荐心理网站和书籍板块,供大学生自主学习;八是讨论板块;九是"心灵鸡汤"板块,把有关人生哲理、为人处世的箴言课件与学生分享。同时,依托线下的心理育人课程,注重把思想政治教育的内容融入心理育人课程教学的各个环节,强调大学生积极心理的培养,通过专业化和深层次的教学工作,助力大学生挖掘自身潜能,凝聚更多成长的力量,创造自己美好的人生。

(四)加强心理育人的平台建设

功能齐全、资源丰富的教育平台是高校开展心理育人工作的重要阵地,在融合校内外教育资源、提高心理育人实效性等方面发挥着重要作用。高校要加强心理育人的平台建设,为心理育人工作的开展提供平台保障。

1. 加强心理健康教育基地建设

心理健康教育基地是提升高校心理育人质量的重要载体,对提高大学生的心理健康素质发挥着重要作用。因此,要进一步加强心理健康教育基地建设,打造良好的师生互动实践平台。

(1)强化高校对心理健康教育基地建设的重视

心理健康教育基地建设是一项复杂的工程,需要高校各方力量的合作与支持。高校领导的重视是推进心理健康教育基地建设的重要前提。

一方面,高校各部门的领导必须转变思想观念,认识到建设心理健康教育基地对推进高校心理育人工作的重要性和必要性。高校各部门的领导应加强理论学习,深刻领会党和国家关于加强心理健康教育工作的相关文件精神,将心理健康教育基地建设的思想和具体要求传递给各下属部门，呼吁全体教职工为基地的建设贡献力量，最大限度地凝聚高校全体师生的共识；贯彻落实党和国家有关心理健康教育的重要指示和各项任务要求，有效推进心理健康教育基地的建设。

另一方面，高校要加强对心理健康教育基地建设的领导。高校应设立基地建设的专项资金，解决有关建设用地、经费投入等问题，为心理健康教育基地的建设创造有利条件；应充分利用校外资源，加强与综合实践基地、心理健康服务机构、爱国主义教育基地等的交流与合作，邀请校外专家对本校心理健康教育基地进行指导，促进基地的规范化建设；应组建心理健康教育工作领导小组，负责基地建设的有关工作，坚持"立足教育、重在建设"的工作理念，扎实推进心理健康教育基地建设各项工作的开展。

（2）完善心理健康教育基地的硬件设施建设

高校要想提高心理育人工作的质量，做好心理健康教育基地硬件设施的建设是必不可少的。为了促进基地的标准化建设，应注意以下几个方面：

第一，高校要对心理健康教育基地进行合理规划。基地的占地面积要与学生的总体人数相匹配。各高校要结合实际情况对场地进行合理规划，根据使用功能的不同可以划分为教师办公区、心理辅导区、资料管理区和心理活动区，部分区域之间可以相互兼容。

第二，高校要对基地的环境进行合理设计。注重基地内部的色彩设计和景观布置，营造温馨、舒适的环境氛围，使走进基地的学生感受到足够的安全感，并做好个体心理辅导区和档案管理区的私密性保障工作。

第三，心理健康教育基地要合理配备硬件设备。除了常用的基础设备外，心理健康教育基地还要结合学生的心理发展特点和教师实际工作的需要配备相应的心理沙盘、心理自助系统等硬件设备，避免使用影响大学生心理和思想健康的器材。例如，有的心理辅导室配备了"宣泄人"工具，让学生通过殴打"宣泄人"的方式调节情绪，这样不利于大学生学会适应性的情绪调节方法，应避免使用。

2.加强心理健康教育网络平台建设

以心理健康教育为主题的网络平台是高校开展心理育人工作的重要载体，因此，高校要根据学生的思想状况、心理特点和价值取向进行平台建设，通过网络平台来激发大学生对心理健康教育内容的兴趣。

（1）优化心理健康教育网络平台

高校心理健康教育要充分发挥互联网的优势，推进心理健康教育网络平台的建设。

第七章　高校心理育人质量的提升路径

首先，要注重网络平台的主题和板块设计。高校可以围绕心理健康教育这一主题，结合心理健康教育的特点和大学生的心理发展需要，将教育内容划分为心育课堂、心理测评、心理辅导服务、心育资源共享、宣传报道五大板块，安排心理健康教育专职教师和学生专门负责板块建设，做好跟进反馈工作，实时更新板块的信息，优化教育内容，加强对学生的教育和引导。

其次，要加强与校外网络平台的沟通与交流。高校应学习其他高校和专业机构网络平台建设的优点，创新自身平台的建设，搭建与校外心理健康教育机构、医疗机构交流的平台，丰富平台资源，促进信息间的传播与互动。

最后，要提高网络平台的互动性和服务性，强化网络互动渠道的开发与建设，突破时空限制，促进教师与学生之间的有效沟通，为大学生寻求心理咨询和心理辅导服务提供快捷通道。

（2）丰富网络平台的教育内容

丰富的教育内容是加强心理健康教育网络平台建设的关键。心理健康教育工作者要以学生的心理特点为根据，合理运用网络载体，使网络教育的内容更加丰富有趣。

一是要丰富心理健康教育内容的表现形式。由于心理健康教育的内容较为抽象，教师需要借助图片、表格、动画等基本元素，将抽象的教育内容转化为生动的教育图片、教育视频等，通过网络平台展现在学生面前，深化大学生对教育内容的理解，提高学生的学习能力。教师在设计教育内容时，要适当增加 Flash 动画的应用，更直观地展示个体心理运行机制和心理健康教育的相关案例，增强内容的趣味性，从而有效调动大学生学习的积极性。

二是要强化资源整合，丰富教育内容。平台上的内容要与线下的内容及实践活动相互呼应，促进资源的有机整合，强化内容之间的衔接。在平台教育内容的设计上，教师要将大学生的心理需求放在首位，把心理健康教育内容与大学生的立志成才、个人成长与祖国的发展结合起来，多元整合资源，提高大学生对内容的选择性。

三是要突出价值引领。教师应加强对信息的筛选与管控，以社会主义核心价值观为导向，对符合社会主流价值观要求的信息和材料进行梳理，通过编辑和制作，整合成具有鲜明价值导向的高质量教育内容，并通过网络平台向大学生进行传播，进一步巩固和壮大主流思想舆论，营造积极健康的网络氛围。

3. 加强心理健康教育数据化平台建设

随着信息网络化的发展，高等教育进入了数据时代。为进一步提升心理健康教育的实效性，高校要正确运用数据信息技术，加强心理健康教育数据化平台建设。

（1）要构建高校心理健康教育数据系统

高校要创新数据的采集方式，加强与校内各管理服务部门之间的联动，从多个角度捕获学生的心理动态、思想状况和行为方式，提升数据的全面性；加强数据集成处理，建立联动的数据系统，对线下教育资源进行数据化处理，通过心理普查、教师调研等方式对数据进行整合，充实数据内容，为大学生学习和教师教学提供丰富的数据资源。

（2）要建立高校心理健康教育辅助体系

高校要加强数据化平台的心理健康教育队伍建设，提高心理健康教育工作者的数据素养，强化他们对数据资源的运用能力，从而更好地开展个性化的心理健康教育；加强心理健康教育工作者对数据资源的使用和监管，维护数据平台的有效运行，增强数据信息与心理健康教育的契合度，进一步提升高校心理健康教育的针对性和时效性。

4.切实加强心理育人平台的保障

高校要想建设立体化的育人体系，就必须切实加强制度、实践活动、环境和宣传等的保障，全方位协同育人，以达到立德树人的育人目标。

（1）完善心理育人制度保障

完善大学生心理健康教育管理的规范性的法令、政策，可以使教育者在开展工作时更有条理和章法。因此，建立完善的心理育人制度尤为重要，可以从以下几个方面开展。

首先，建立统一领导、分层分工制度。高校应建立以校团委领导-各院系分管-班级和宿舍的学生管理-心理咨询中心统筹的分层领导管理制度。制定出规范性的管理制度，分责到人，从而提高管理的效率。

其次，健全心理育人专业化培养制度。心理育人队伍的专业程度不仅对心理育人对象产生影响，而且其言行示范和引领对于教育效果的提升至关重要。这就要求高校一方面建立教师业务的规范化考核制度，另一方面加强教师专业素质的培训制度。这对培养专业化的育人者意义重大。

再次，建立心理育人的资金保障和后勤保障制度。教育部已出台了相关文件，高校应合理增加心理育人教育的经费投入，并纳入学校的财政预算。一方面，加大教师培训、进修学习等提升专业能力方面的资金投入；另一方面，用于完善心理健康咨询中心的设施设备等。而相关的后勤保障部门，如高校的贫困资助中心，在解决贫困学生基本生活需要的基础上，应给予学生更多的人文关怀。

最后，完善其他工作制度。高校应在充分调查的基础上，征求各学院相关人员的建议，建立心理辅导保密制度、隐形心理危机排查制度、心理危机干预制度、心理辅导中心工作考核制度等，要求工作者严格按照这些制度执行，并把执行结果作为年度工作考核时的重要依据。

（2）丰富心理育人实践活动形式

心理育人不仅要对大学生进行思想上的引导，更要注重学生行为的践行方面。大部分心理育人过程是在实践活动的基础上开展、发展和完成的，加之实践活动是舒缓心理压力的一种重要方式。高校要想提升心理育人的工作质量，让大学生融入心理育人的过程，就必须丰富心理育人实践活动形式。

相关实践活动应以更生动活泼和更贴近学生的方式融入大学生，如大力支持学生心理健康教育协会举办特色活动，在社会活动中设置心理健康主题，开展心理健康关怀类型的志愿服务等，以学校层面的议题设置从上到下推动大学生的实践创新。

此外，高校还可以开展具有特色的心理育人主题活动。首先，开展"关爱生命、呵护心灵"运动会。为融洽宿舍和班级学生关系，促进团队合作，提高团队精神，设计四足三人跑、老鹰抓小鸡和带球接力等活动。其次，开展园艺治疗活动，建立蔬果园、花木园，让大学生通过接触、维护庭院的植物等方式来疏解压力，进行心灵的复建。最后，联合学生心理健康指导中心开展跳蚤市场活动，旨在传播"低碳生活、绿色人文、互助和谐"理念。

由此可见，丰富心理育人实践活动形式，不仅是大学生心理育人新载体的探索，而且为倡导学生绿色节约生活、增进互助友爱、促进朋辈群体共同成长搭建平台，这对提升心理育人的工作质量具有积极意义。

（3）构建和谐心理育人环境

环境对人的影响是潜移默化的，高校在心理育人的过程中，不可忽视环境的重要作用。因此，要从社会、家庭和校园环境入手来构建和谐的心理育人环境。

首先，营造和谐的社会环境，有利于大学生树立正确的人际交往观念，改善人际关系功利化的现状，为大学生提高人际交往能力提供良好的社会环境。因此，政府应该积极倡导和践行和谐社会的理念，对主流思想进行宣传，引导大学生形成真善美的价值取向。

其次，构建和谐的家庭环境。不管父母的感情如何，都应该构建一个充满爱的家庭环境,让孩子在平等、民主的家庭氛围之中成长,这样成长起来的孩子才会对这个世界充满善意。

最后,重视校园文化建设,构建和谐的校园环境。人们常说"近朱者赤,近墨者黑",由此可见,环境会对人产生巨大影响。要想建设和谐校园环境,不仅要加强自然环境的建设,而且要加强校园的文化建设。高校在开展各种活动,大力宣传社会主义核心价值观,塑造大学生的精神世界的同时,应进行精神文明建设,引导学生遵循社会道德、家庭美德和个人品德,消除学生的一切不良行为。这种和谐的氛围可以在很大程度上缓解大学生的焦虑情绪。

(4)拓展多样化的育人宣传渠道

笔者通过调研发现,部分大学生没有参与过心理育人课程和活动,甚至有的学生出现心理困扰都是自己解决,不会向心理教师求助。这说明大学生对心理育人的认知还不够清晰,很难融入心理育人的过程,影响心理育人工作的质量。因此,高校需要加强心理育人的宣传和普及工作,拓展多样化的育人渠道。

首先,积极拓展网络心理育人的宣传渠道。在大数据时代,高校必须开发网络宣传新阵地,建设具有趣味性和知识性的心理健康网站。同时,开发心理健康小程序、创建心理健康公众号或者建立线上心理育人社区,定期推送心理健康相关的推文,以及支持大学生线上预约和咨询。

其次,定期开展线下的心理育人宣传工作。线下的活动也应该从实际出发,从学生学习和生活等方面渗透心理健康知识。①建设心理育人的宣传阵地,定期邀请校内外专家为学生开展心理健康讲座;充分利用高校报纸、广播、宣传栏等传统宣传载体。②在各种心理育人活动中宣传和渗透心理育人知识。比如,开展各种心理健康主题班会、心理健康宣传公益广告比赛等。

最后,在宣传和普及心理健康知识上,不可忽视社团的重要作用。因此,高校要对大学生社团举办的心理育人活动给予物质和人力的支持,把心理健康知识渗透到大学生学习和生活的每个角落,通过宣传教育使大学生正视自身存在的心理问题,使其认识到心理咨询和心理辅导不是洪水猛兽,从而使大学生发自内心地接受心理健康教育,融入教育的全过程,实现立德树人的目标。

参考文献

［1］廖冉,张静,季靖,等.90后大学生积极心理健康教程［M］.北京：中国物资出版社,2012.

［2］郭燕燕,渠改萍.青少年积极心理健康教育［M］.北京：世界图书出版公司,2014.

［3］陈玉焕,陈莉.幸福人生,从"心"开始：大学生积极心理素质培养教程［M］.郑州：河南科学技术出版社,2014.

［4］杨素华,孙新红.大学生积极心理培养［M］.济南：山东人民出版社,2014.

［5］小刀老师.幸福重建：积极心理开启人类幸福之钥［M］.北京：中国财富出版社,2015.

［6］王丽.积极心理教育：培育学生心理资本［M］.成都：西南交通大学出版社,2014.

［7］朱翠英,胡义秋.大学生积极心理素质教育研究［M］.北京：人民出版社,2015.

［8］高理敬.积极心理成就灿烂人生［M］.北京：中国轻工业出版社,2016.

［9］黄大庆,尹雪云.贫困大学生积极心理品质培养活动教程［M］.北京：北京交通大学出版社,2016.

［10］曹宇.积极心理与幸福人生［M］.呼和浩特：内蒙古大学出版社,2016.

［11］张野,韩民.积极心理调适与心理成长［M］.北京：高等教育出版社,2017.

［12］骆小平,黄建钢.积极的心理管理学导论［M］.上海：上海交通大学出版社,2017.

［13］朱丹.爱你365天：积极心理学理念指导下的家庭教育［M］.长沙：湖南教育出版社,2017.

［14］余璇，黄丽．三类人群疏离感的诱因及积极心理干预机制［M］．北京：经济科学出版社，2018．

［15］叶芳，黄建钢．积极的群体心理管理学［M］．上海：上海交通大学出版社，2018．

［16］任俊．积极心理健康：幸福快乐的科学［M］．北京：开明出版社，2019．

［17］李婷婷．积极心理学视角下的大学生心理问题探析［M］．北京：中国书籍出版社，2020．

［18］丁芳盛，黄建钢．积极的社会心理管理学［M］．南京：江苏人民出版社，2020．

［19］于志英，李迪．基于心理健康课程培育大学生积极心理品质的途径［J］．九江职业技术学院学报，2018（4）：50-51．

［20］范芃．积极心理对现代大学生心理健康的深远影响［J］．心理月刊，2019，14（23）：38．

［21］刘晓敏．高校大学生积极心理健康教育模式研究［J］．吉林工程技术师范学院学报，2019，35（9）：20-22．

［22］杜海英，战秋莲．健康中国视阈下大学生积极心理品质培养研究［J］．赤峰学院学报（汉文哲学社会科学版），2019，40（1）：148-152．

［23］张绍基，李灿，邓君辉．大学生心理素质与积极心理健康的关系及启示［J］．心理月刊，2019，14（3）：4-5．

［24］班兰美．大学生积极心理品质培养途径探析［J］．教育教学论坛，2019（23）：68-69．

［25］孙永鹏．高校学生积极心理品质的培养策略［J］．心理月刊，2019，14（11）：40-41．

［26］张佳楠．高职生积极心理资本对心理健康的影响研究［J］．淮南职业技术学院学报，2019，19（4）：48-49．

［27］唐彦．积极心理视域下高校心理健康教育体系的构建［J］．产业与科技论坛，2019，18（22）：192-193．

［28］李婉璐．短视频传播时代背景下的高校大学生积极心理健康教育模式研究［J］．国际公关，2020（1）：112．